その愛を知るためにあなたは生まれてきました

人生が変わる「愛のエネルギー」の秘密

精神科医
越智啓子
Keiko Ochi

青春出版社

はじめに

この本を手に取ってくださり、本当にありがとうございました。

「その愛を知るためにあなたは生まれてきました」という素敵なタイトルに、すっと心が惹かれたのかもしれません。

さわやかな色のカバーに、癒されて、中も読みたくなったのかもしれません。

以前書かれた愛の本が、新しくタイトルもカバーも変わって、さわやかに、より優しい愛に包まれて登場しました。

もう一度、自分の書いた本を読み返して、とても嬉しくて幸せな気持ちになり、ますます愛があふれてきました。

私たちにとって、愛は見えないけれど、とても大切なものです。

いろんな形で、愛を感じることができます。

私たちは、人生で、いろんな愛を体験します。

恋愛に限らず、親子の愛、兄弟姉妹の愛、友への愛、夫婦の愛、そして、いつもあとまわしになりがちな、自分への愛もあります。

自分への愛も大切です。

自分を認め、自分の好きなものに囲まれ、好きな人と話したり、食事を共にしたり、自分への愛をしっかりと注ぐことで、ハートからどんどん愛があふれて愛の泉が枯れることなく無限に出てくるのです。

愛の泉が止まって動けなくなったら、まず自分へ愛を注ぎましょう！

また、愛の泉から、こんこんと愛があふれ出るようになります。

精神科医である私のもとにも、親との確執、子育ての悩み、夫婦問題、職場のパワハラなど、人間関係での様々な悩みを抱えた方がいらっしゃいますが、その悩みには必ず、愛についての課題が含まれています。

私は、薬を使わないで、愛と笑いの過去生療法をしているユニークな精神科医です。今回の人生を見つめてもわからないことを、過去生の謎解きをして、解明していくお手伝いをしています。そこに愛のドラマの流れを感じています。


愛の対極は何でしょうか?

それは、怖《おそ》れ、恐怖です。

愛は人と人をつなぎ、恐怖は切り離して孤独にします。

自分は一人ではない、守られている、気遣ってもらっていると感じるときに愛を受け取っています。

宇宙には愛が満ちていて、すぐそばにも愛が心地よく存在しているのですが、ただそれに気づいていないだけです。

ふとそれに気づき始めると、何て素敵な世界、素晴らしい宇宙に住んでいるのだろうと、涙が出るほど、幸せな気持ちになってきます。

ふっと、愛を感じるだけでいいのです。

愛を感じるだけで、孤独感がシュッと消えていきます。

あたたかい、ふわっとした愛のエネルギーに包まれます。

様々な関係の中にお互いをつなげるエネルギーとして愛のエネルギー（愛ボンド）があり、その関係に悩む中で、自然に愛の受け取り方や、愛の表現を学んで、心も魂も磨かれていくしくみになっているからです。

人間関係に悩むほど、あなたの愛の表現がどんどん素敵になっています。

いろんな愛の表現を学ぶことで、あなたがまわりに届ける愛がますます輝いてきます。

いかがですか？　たとえあなたが望む愛の形でなくても、その愛を知り学ぶ意味がある。そう考えると、ちょっと気持ちがラクになりませんか？

この美しい星・地球は、愛を学ぶ星だといわれています。

この星に何度も生まれ変わって、愛についての学びを体験しているのです。

あちこちに流れる歌は、ほとんどが愛についての歌です。

本屋さんにあふれる本は、愛についての表現がいろんな人の心に届けられています。
そして、この本もあなたの元へ届けられました。
愛を知るために、この美しい愛の星・地球に生まれてきたのです。
愛を感じるために、この世に生まれてきたのです。
愛の星・地球号で、大切な愛についての話をしましょう！
愛の星・地球へ、ようこそ！

愛を語る楽々インスト楽多《ラクタ》ー
越智　啓子

その愛を知るためにあなたは生まれてきました＊目次

第１章

すぐそばにある〝あたたかい愛〟に気づいていますか

第2章
人からの愛を受け取れる人、逃がしてしまう人の小さな違い

第3章

相手の心に届く愛の表現方法に気づく

第４章
愛を配る人からすてきな人生が始まる

第5章

もっと大きな愛に満たされて生きる

カバーイラスト　Khaneeros/Shutterstock.com
本文デザイン　岡崎理恵
DTP　フジマックオフィス

本書は、二〇〇六年に小社より四六判で刊行された『あたたかい愛に満たされて生きる本』を改題し、加筆・修正のうえ再編集したものです。

第1章

すぐそばにある〝あたたかい愛〟に気づいていますか

愛はあたたかいエネルギー

愛とは、みなさんにとってどんな響きを持っていますか？

とっても大切なものだとわかっていますが、直接的に問われると、あまりにもテーマが大きくて、深くて、よくつかめない感じがしませんか。

私も、クリニックでは「愛」と「笑い」を二本柱にして患者さんの診療にあたっていますが、愛を「エネルギー」でとらえると、漠然としたものが、少しはっきりと感じられるようになります。

愛のエネルギーを考えてみると、それは、なんとなく心臓のあたりから、あたたかいものとして、あふれているような気がしました。

その理由は、大人になってエネルギーや癒しの本を読むにつれてわかってきました。ハートチャクラと呼ばれるエネルギーセンターが心臓の近くにあって、そこからピンク色の光が実際に出ているというのです。

オーラ写真を撮って、私達のエネルギーを写真として目で見ることができます。

オーラとは、色光で表されるエネルギーで、私達の体から発しているエネルギーを色光で感じる人がいます。

愛のエネルギーがあふれている人からは、どんな色光がでているのでしょうね？

みなさんは、いま、愛に満たされていますか？

それとも、愛が欲しくて欲しくてたまらないときでしょうか？

あるいは、まあまあ、少しは満たされていると思える状態かもしれません。

では、愛に満たされている人と満たされていない人では、どのような違いがあるのでしょうか？

愛に満たされている人は、笑顔がすてきで、そばにいるだけで、やわらかい、あたたかい雰囲気がにじみ出ています。

なんとなく、そんな人に引き寄せられて、気持ちのいい雰囲気を感じたくなるのです。

私達の本質は、本来、光、意識、波動そのものです。

愛の光がハートからあふれている人は、オーラ（色光で感知されるエネルギー）で表現されると、愛の光・淡いピンク色の光があふれています。

その光はとても気持ちがいいので、自然に人々が引き寄せられて、いつのまにか人気者になってしまうのです。

その愛のオーラの大きさや輝きの度合いによって、引きつけられるパワーが増してくると思います。

愛があふれていると、まわりのすべてが輝いて見えて、そばに寄ってくる人には、誰でもやさしく愛を振りまきたくなってきます。いま、自分にできることを、できるだけしてあげたい気持ちに自然になってきます。

また、愛のエネルギーをもらった人は、同じようにハートにある、愛の泉とも呼

ばれるエネルギーセンターから愛があふれるようになって、その愛のパワーは、どんどん広がっていくしくみになっているのです。

愛に満たされている人は、愛のエネルギーにとても敏感です。

どんな小さな愛にも気づいて、幸せを感じます。

一方、愛に満たされていない人は、愛の飢餓感、愛欠乏症になっていて、暗い表情、落ち込みと、うつと、被害者意識が渦巻いていますから、その人の持つ波動も薄暗いものになって、周囲の人々は距離を置きたくなります。

せっかくそばに愛をたっぷり注ぐ人がいても、それを感じることができなくて、逆に疑います。「なにか魂胆があるに違いない。これを愛だと信じていたら、逆にひどい目にあうのではないか」と疑心暗鬼です。

つまり、愛を素直に気持ちよく受け取れないのです。

時には愛が足りなくて、攻撃的なピリピリしたエネルギーで、人を寄せつけないこともあります。当然、本人は自分のことが嫌いです。それを感じたくなくて、他人を攻撃する場合と、自分を攻撃する場合があります。

他人を攻撃する場合は、言葉や体を使っての暴力で表現して、いかに自分が愛欠乏症であるか、また、それを感じることを怖がっているかを激しく訴えています。

激しすぎて相手が自分の激しさに困惑していると、「やっぱり、自分は愛されない、愛される値打ちがない人間なんだ」とマイナスの思い込みに、ますますはまり込んでしまいます。

暴力的愛欠乏症といってもいいでしょう！

最近は、夫が妻に暴力を振るう事件が増えています。たまに妻が夫に暴力を振るうケースもありますが、幼い子ども達にも暴力的になることが問題になっています。

しかし、ここ二〇〇〇年の間、夫が妻を支配するのが当たり前で、夫は妻にかなりひどい仕打ちをしてきました。そのトラウマ（心の傷）が魂に記憶されていて、それが潜在意識に残っていると、まるで仕返しのように、パワーで負かそうとします。

不安、恐怖が強いから暴力を振るうのではないでしょうか？

「大丈夫よ！　怖がらないで」という気持ちで接すると、自然に、やわらかくなってきます。そして、びくびくしないことです。こちらが怖がると相手の恐怖心を呼び起こします。かえって、応えようとして、期待通りに怖い役を演じてしまいます。

逆に、泣きながらでもお腹からパワーを込めて自分の気持ちを正直に伝えると、流れが変わってきます。

「こんなにあなたのことが好きなのに、なぜ暴力を振るうの？　あなたらしくないわ。本当のあなたはやさしいの！」と泣きながら揺さぶってみてください。相手の不安や恐怖のエネルギーがはがれ落ちるかもしれません。

そして、愛を確かめるように、素直に愛を受け取れて、少しずつ自分も愛されていることを認められるようになります。

そうなってくると、攻撃性が収まってきて、たとえ怒りや攻撃性を表現しても、そのあとに、素直に謝るようになってきます。それが、愛に気づき始める兆しではないでしょうか？

自分を攻撃する場合は、自分を責めて、自己嫌悪に陥り、ひどいときは、消え入りたくなります。自分を消してしまいたくて、自分をいじめたり、傷つけたり、自虐的な行為を続けて、人に注目されたいか、逆に引きこもったりします。自殺願望が出てきて、ついには本当に大切な自分をあやめてしまいます。体力があって、怒りの感情がたまりすぎていると、家庭内暴力を伴うこともあります。

そういう人のオーラは、暗くて、小さくて、くすんだ感じがします。オーラの様子で、愛に満たされている状態なのか、足りない状態なのかがわかるのです。

オーラがどんな色でも、その鮮やかさがあれば、それは、愛に満たされていると思っていいでしょう！

自分をきちんと認めている人のオーラは輝いています。自分を認めることは、自

分を愛することになるので、愛に満たされるのです。

たとえ自信がなくても、一生懸命に未来を信じて生きている人のオーラもキラキラです。未来を信じることは、いまの自分を受け入れているので、それも自分を愛することになるのです。

自分から自分に、ちゃんと愛を注ぐことができるのは、愛に満たされるための大切なコツなのです。

「足ることを知る」という言葉があります。いまあることを受け入れ、満ち足りているさまです。また、その生き方をいいます。

すでに愛に満ちている足元に気づいたときにも、オーラが輝いてくるのです。

愛に満たされるには、いろんなヒントがあります。

そのヒントを、この本でお伝えしたいと思います。

愛のエネルギーがあふれている人は、
心地よくあたたかい光であふれている。

「ないものねだり」をやめる

まわりの愛に気づくにも、ちょっと努力が必要なときがあります。

悲しみのドツボにはまって、思いっきり悲劇の主人公になっていると、それを強調して確認を取るような現象を、ちゃんと自分に引き寄せるのです。

「ほら、私の思ったとおりよ。私は誰からも愛されていないの。神様はとっても不公平。なぜ、私だけこんなひどい目にあわなきゃいけないの！」とふくれっつらをしている人には、いかに自分が愛されて幸せな状態かが、まったく見えていません。

ないものねだりの状態で、自分よりも条件のいい人ばかりを見つめて、ため息が長～く聞こえるだけです。もし、自分の条件よりもよくない人を見始めると、申し訳ない気持ちになって、やっと感謝の思いが芽生えてきます。

ファンの方から、すてきな本をいただきました。『わたしの体ぜんぶだいすき』（先天性四肢障害児父母の会編著）という本です。どの子も、輝いていて、自分の大好きなことを楽しんでいる笑顔が最高です。

手足がほかの子とちょっと違っていても、むしろ、もっと明るく、伸びやかに生きています。チャレンジの人生を選んでいます。彼らが選んだ両親もまたチャレンジの連続です。自然に愛が引き出される人生だからです。

ブラボーです。勇気とパワーと愛をたくさん感じることができる本です。

ちょっと、紹介しましょう。小学二年生のたかき君の気持ちです。

「ぼくのおかあさんは、ぼくが生まれてすぐにおいしゃさんに『この子はゆびがありません』と言われましたが、『この手、せかい中で一番かわいい手だ』と言って、ぼくの手をどうどうと見せておっぱいをのませてくれました。

ぼくが木のぼりをする時も、おかあさんはあん心して、『のぼって良いよ』と言ってくれます。

ぼくは生まれたときから、ゆびがないけど、かなしんだことはありません。」

五体満足に生まれたのに、悲劇の主人公をやっていると、ちょっと恥ずかしくなって、愛に気づき始めます。

ないものねだりをやめて、あるものに「ありがとう」の人になりましょう！　必ず、愛に満たされてきます。幸せだったことに気づいて、まわりが違って見えてきます。

ペットを飼うことで愛に気づく場合もあります。犬や猫、鳥など、自分の好きな種類のペットと交流することで、いつのまにか、愛され、愛している自然の関係から、しみじみと愛を感じてびっくりすることがあります。

ペットだけでなく、庭やテラスの植物や、畑の野菜からも癒されます。すべて、愛がないと育たないからです。

日常生活において、すべての生き物の中で、私達は、実は目に見えない愛の交流をしているのかもしれません。あとは、それに気づいて、感じるだけでいいのです。

なんて、シンプルで、当たり前の、でも深い真理でしょう。

ないものねだりをやめて、
あるものに「ありがとう」
の人になる！

「笑顔の数」は愛のバロメーター！

どんな攻撃的な人でも、思わず大笑いをすると、パーッと光がさしてきて、はじけるように黒雲が消えて、青白い顔にも赤みがさしてきます。

笑いは、強烈なマイナス状態を一気に明るくする不思議なパワーを持っています。

笑ったときのオーラは何色になっているでしょう？

実は、お腹のエネルギーセンターから、黄色の光がパーッとあふれ出て、最高に楽しいときには、ゴールド、金色に輝きだすのです。

「お腹をかかえて笑う」と日本語では表現しますが、まさに、そのとおりで、笑うとお腹のチャクラが輝くのです。

お腹のエネルギーセンターは、感情をつかさどるといわれています。

私達が笑うと、お腹の感情のエネルギーセンターが黄色に輝きます。本を読んで知性が磨かれているときも、お腹から黄色いエネルギーがあふれ出るのです。どうしてかしら？　と疑問に思っていましたが、最近やっと謎解きができました。本当の自分が喜ぶ笑いは知性に裏付けられた笑いなんだと。

私も研修医時代から、うつの患者さんを笑わせるのが生きがいでしたから、笑いによる劇的な変化をたくさん見てきました。潜在意識にたまっていた感情のエネルギーもふたも、ポンと気持ちよくはずれます。

そのとたんに、相手の心の奥から光があふれ出て、目がキラキラ輝きだすのです。エネルギーとして大きく変化する様子が見ていてよくわかるので、すっかり笑い療法にはまってしまったのです。

笑いは、遺伝子学でも実験されて、村上和雄博士によって証明されました。

糖尿病の患者さんを集めて、大学の教授から糖尿病についての講義を聞いたあとでは、ストレスにより全員の血糖値が上がり、お笑い芸人の話を聞いたあとでは、笑いによって誰一人として、血糖値が上がらないという結果が出たのです。

病院でも、患者さんに落語を聞いてもらって、笑うことで痛みの遺伝子のスイッチをオフにすることができます。日本でも、パッチ・アダムス先生のようにピエロで笑い療法をするグループが出てきました。テレビで見て、新しい時代の変化を確認できたような気がしました。

日常で私達にもできるのが、駄洒落やギャグを考えてまわりの人を笑わせることです。これ自体が愛の行為だと思います。愛と知性で上等なギャグが生まれるのです。愛があふれているとブラックユーモアにはなりません。

相手を中傷する笑いは、相手を傷つけて、自分も波動を下げてしまいます。誰も傷つけないで大笑いを生み出すことが、愛が満たされていることになってきます。**愛があふれている人のまわりは、笑いもあふれていて、とても明るいのが特徴です。楽しいので、たくさんの人が集まってきます。**

逆に、笑い声が多いところには、愛がいっぱいあふれています。本当に愛に満たされているのです。

笑い声や笑顔も愛のバロメーターになります。みんなで大いに笑いましょう。まわりを笑いであふれるようにしましょう。きっと愛で満たされるでしょうから。

そして、笑い療法がさらに極まってきたのは、「パッチ・アダムス」という映画を見て感動してからでした。

アメリカで愛と笑いを治療に使っていて、いつもピエロの格好をしているパッチ・アダムス先生に、ワシントンまで逢いに行きました。愛と笑い療法を実践して、同じ哲学を持った医師にぜひ逢いたいと思ったのです。まさに、輝かしい衝動行為で飛んで行きました。それは一九九九年の九月でした。

そのとき、パッチ先生と笑いのツボが似ていたのか、意気投合して、翌年の中国への旅に誘われて、二週間、ピエロの姿で病院、学校、施設を慰問に回るハードな体験を味わいました。そのおかげで、ますます愛と笑いに磨きがかかったのでした。

中国でのピエロになっての慰問旅行を体験して、笑い療法が愛にあふれていないとできないことを痛感しました。さらに日本に帰ってから、講演会で笑い療法としてピエロやイルカに変身して、みなさんにたくさん笑ってもらうようになりましたが、そのときも、かなり愛があふれていないと、自分がむなしくなることに気づきました。愛と笑いは切り離せない関係なのです。

本当に心あたたまる笑いは、愛がたっぷり必要なのです。そして、みなさんが気持ちよく笑ってくれると、その笑顔からまた元気が出て、愛があふれてくるのです。

愛と笑いは循環していると、しみじみ感じています。

もちろん、クリニックでも、一人ひとりの患者さんに診療するときに、愛と笑いの二本柱で接しています。一〇年、一五年とうつ状態の患者さんを笑わせたときの喜びは、まさに愛に満たされる感じがします。笑い療法の「笑い」も、愛があふれていないと治療になるまでの効果に結びつきません。

「誰も傷つかない、愛にあふれる、それでいてお腹をかかえて気持ちよく笑える」そんな上質な「笑い」を日々、探求しています。

笑いは、
一瞬で気持ちを明るくし、
波動を上げる簡単な方法。

体からの「愛が足りないサイン」を見逃さない

愛のパワーがハートから、どのくらいあふれ出ているかで、気分や精神状態や表情、体調などにも大きく響いてくるのです。

すべては、自己波動責任なのですが、愛に満たされていない人は、自分以外の環境や人のせいにしたり、自分と他人を必ず比較したりして、すねています。

「どうせ僕なんか……」「どうせ私なんか……」という自己否定のフレーズを口癖にしていることが多いのです。

自己否定の感情は、左の腰にある脾臓《ひぞう》という、あまり注目されていなくて、ちょっとすねている臓器と波長が合うため脾臓にたまってきます。多くたまると左の腰が腫《は》れてくるのは、そのためなのです。自己否定の感情がほどけてくると、左腰の腫れも引いて、軽くなってきます。愛を受け取るのも上手になって、愛に満たされてくるのです。

ちょっと腰に手を当てて、左側が腫れていないかチェックしてみてください。スッキリしている方は、愛を受け取るのがきっと上手です。ちょっと腫れている方は、「自己否定の感情を解放します」と宣言して、大きく深呼吸をして吐き出してみましょう！　かなり腫れている人は、アロマのクラリセージがあると、もっと効果的に解放できるのでおすすめです。

愛は、心臓に近いハートのエネルギーセンター（ハートチャクラともいいます）からあふれ出ていますから、昔から、愛の告白も胸から両手を広げて表現してきました。愛が枯渇していると、ハートの部分が痛みを感じてきます。よく「胸が痛い」と表現するのも当たっているのです。

愛を十分に表現できなかったら、不安や悲しみや罪悪感がハートにたまります。それで、自分の愛の泉が閉じて、痛みとして感じるのです。

胸の痛みは、「愛が足りませんよ〜、愛を充電してください」という大切なサインかもしれません。胸が痛いと自然に体が前かがみになって、いわゆる「猫背」になってきます。

愛があふれて元気な人は、ハートが開いて、胸を張って、とても姿勢がいいのです。そして、おおらかに気持ちよく笑います。

愛が足りなくなると、表情は暗くなって、元気もなく、うつになってしまいます。多くの病気は、愛欠乏症が原因ではないでしょうか？

悩んだり、うつになったり、元気がない人を観察すると、ほとんど呼吸していないか、とても浅い呼吸になっています。体に酸素不足が生じます。**愛欠乏症は、酸素欠乏症**になるのかもしれません。

酸素不足は、あらゆる臓器の細胞達が大騒ぎになります。思わず、ふーっとため息をついて、呼気をしっかりして、大きく酸素を供給しなくてはなりません。

ため息の多い人は気をつけましょう。酸素不足であり愛不足の状態でもあります。

酸素の多い、愛があふれている、自然の中に行ってみましょう！

森の中は、酸素でいっぱい。緑が酸素を吐き出してくれています。木々は愛であふれているのですね〜。

自然の中で誰もが癒されるのは、酸素が多い、おいしい空気によって、まず、体の細胞達が愛に満たされるからかもしれません。

実は、愛欠乏症の人は、愛を他人からもらうものと勘違いしています。自分から自分にも愛を与えることができるし、人間以外の自然からも、愛をたっぷりもらうことができるのに、気づいていないだけです。

万物に実は愛があふれていると気づいたら、そのときから、孤独感がなくなり、無限の愛の源を自分から感じて、愛をあふれんばかりに供給できる人になることができるのです。

山も海も野原も愛にあふれて私達を待っています。愛を受け取りにいらっしゃいと、呼びかけてくれているのです。

ため息が多くなったら
「酸素不足＝愛不足」のサイン。
愛と酸素がいっぱいの自然の中で
癒されよう。

心を開いて素直に愛を受け取る

「愛」という言葉が持つ不思議な魅力は、私達の心が本当に、愛が好きで好きで、とっても愛が欲しいからだと思います。愛が感じられないとさびしくて、生きていく元気がなくなるのです。

心が素直な人は、それを隠さずに、ストレートに表現して、愛をまわりの人々から上手にもらうことができますが、恥ずかしい人、遠慮する人は、本当はそれが欲しいのに、いかにもいらないフリをして、もらいそこねます。

そこに愛の流れのブロックが生まれてしまうのです。そんな人のことを、すねて「ねじり飴状態」と表現して説明することがあります。本人が気づいてほどけたあとに、この表現を使って笑いながら昔の自分を分析するお手伝いをしています。

この地球という星では、地球という大きな生命体が、私達以上に愛があふれて、たくさんの小さな生命体を育んでくれています。

さらに、地球だけでなく、太陽や月やほかの星達のエネルギーが届いているおかげで、あらゆる生命が生かされているのです。生命物理学から見ても、この地球を取り巻く世界は、愛に満ちあふれているのです。

つまり、私達は、気をつければ愛にあふれた不思議な世界に生きて、生かされて、愛を学んでいるのです。もう少し心を、ハートを開けば、その事実が実感できて、自然に感謝の念がわいてきます。この**世界の満ちあふれた愛に気づけるかどうかで、いまの人生の密度が変わってくる**のではないでしょうか？

素直に愛を欲しいと表現してハートを開くと、まわりから、どんどん愛のエネルギーが吸収できて元気になり、自分も愛を送れる側に変わっていくのです。ここが、すてきな愛のしくみです。

では、どんなときに愛を感じることができるのでしょうか？

それは、地上に生まれてきてから、様々な体験の中で、私達が自分というフィルターを通して感じてきた、宇宙の壮大な実験の結果が出ているようなものです。

愛は形にならないようでいて、みごとに様々な方法で伝えられていきます。あなたは、どのように愛を伝えていますか？　ある人は、あたたかい言葉で、ある人は、言葉でなくて、してほしいことを黙ってする行動で表現しています。

愛はまるで風のようです。あたたかいそよ風は、やさしく頬をなでますが、強い風は、パワーをくれて、勇気を奮い立たせてくれるのです。

パワーといえば、沖縄には常に季節の恒例行事のようにやってくる台風がありま す。アメリカではハリケーンといいますが、嵐の大きなものを、そして、ある方向性を持って移動する渦巻きのパワーをいいます。

地球が一つの生命体として活動していますから、意図的な活動なのです。

以前、大きなハリケーン・カトリーナが猛威を振るったニューオーリンズの町は、ジャズで有名な黒人文化が栄えた場所でした。ハリケーンが襲う前後に、黒人奴隷の過去生（過去の人生）を癒す人々がクリニックに目立ちました。シンクロニシティ（偶然の一致）という現象が起きたのです。民族を超えた深い魂の歴史を垣間見る思いでした。ジャズという音楽は、リズム感が自然に身体を揺らしてスウィングします。自然にリズムに乗って、聞いている人が踊りたくなってくる、笑いが自然に出てくる不思議なパワーを持っています。躍動のエネルギーともいえます。

生きている喜びを音楽にすると、それが移って、踊りになります。笑いに伝播するのです。これもすてきですね。

愛を感じ取るのも、経験と気づきで磨かれています。物事に感動しやすい人は、愛にも敏感です。愛を感じて、すぐにハートが震えて、感じたことを表現します。感激屋さんと一緒に過ごすと、自分までいい感化を受けて、だんだん感じやすくなってきます。

感動体験の多い人と交流しましょう。そして、自分もそういわれる人になりましょう！

素直に心を開くだけで、
愛のエネルギーを吸収して
元気になれる。

第2章

人からの愛を受け取れる人、逃がしてしまう人の小さな違い

言葉の受け取り上手になる

みなさんは、愛を受け取るのが上手だと思いますか？

愛を欲しがっているのに、受け取るのが下手な人がたくさんいます。

せっかく、人からほめられているのに、受け取らないで否定して、自分を認めるチャンスがきているのに、受け取らずに、逃がしてしまうのです。

せっかく、好きな人ができても、自分なんか、という自己否定の感情が根強くて、相手も思っているのに、愛の告白をしないで引いてしまう人もいます。

せっかく、すてきな人から愛の告白をされても、自分にはそんな値打ちはないと断ってしまう人もいます。

もっと素直に、せっかくの愛の表現をきちんと受け止めましょう！

ひどいことをいわれると、すぐにその言葉を自分の心にしまい込んでトラウマに取り入れて潜在意識に入れてしまうのに、ほめられると、かえって、とまどったり、遠慮して、自分の中に入れないのです。

どうして、あまのじゃくな性格になっているのでしょうか？

それは、潜在意識にあるマイナスの思い込みが、跳ね返してしまうからです。

そのマイナスの思い込みは、子どものころの体験から、あるいは、さらにさかのぼると、前の自分、もっと前の自分、前世とか過去生と呼ばれている、同じ地球で生まれていた過去の時代に体験したことから思い込んだものや、その時代に、つい我慢して表現しなかった、あるいは抑圧した感情のエネルギーが残っていて、それが潜在意識にたまっているのです。

そのときの自分に対しての思いも同じです。過去に失敗や人を傷つけることをしたと思っている思いが重く残っていると、どんなに認められたり、ほめられたりしても、素直に喜べなくて、ついあまのじゃくを演じてしまうのです。

自分に対してのあるマイナスの思い込みのパターンがあって、認められたり、ほめられたりしても、そのふたの作用で素直に受け取れなくて、つい反発の返答をしてしまいます。

「とんでもない。私はダメな人間なんです。あなたには、本当の私がどんなに邪悪かわからないのですよ」

と、まるで古い小説『ジキル博士とハイド氏』のハイドがささやくように、せっかくの認める愛を受け取らずに、ふたはそのままです。

確かに何度も地上で繰り返して来た過去生の中には、人を傷つけたり、あやめたり、ひどいことを体験した時代もあったでしょう。

そのことを取り上げて、いつまでも自分はひどい人間だと思い込んでいると、不必要な罪悪感という感情エネルギーがたまってきます。それがふたになって潜在意識にべっとりついていると、いくら次の人生でいいことをしてほめられても、それを素直に受け取れないのです。

つまり、人生が新しくリセットされても、それを引きずって、新しい自分の人生を創造できずにいることが多いのです。

「マイナスはすぐに吸収して、プラスは跳ね返してしまう」というパターンの人が多いのです。

これをそろそろ逆にしませんか？

自分へのマイナスの言葉は、はじき返して、自分を認める愛にあふれたプラスの言葉を、ありがたく受け取りましょう。

それによって、私達の潜在意識は大幅に変わります。気持ちのよい透明になってくるのです。

今回の私達の人生は、マイナスの思い込みや感情エネルギーがつまった潜在意識を浄化するために、いろいろ盛りだくさんになっていると思います。

ほめられたら
自分を認めるチャンス。
素直に受け取れないのは人生の損。

潜在意識に感情のブロックがあることに気づく

あの世で、その感情を癒すことができれば残らないのですが、あの世では、地上でのストレスや心の傷を癒すことができないのです。

休憩は好きなだけできますが、地上でのことは、また地上に降りてからしかチャラにできないシステムになっているようです。つまり、あの世は、人生の舞台において、楽屋裏のような役割をしているのです。

自分の人生の舞台で名脇役をしてくれているソウルメイト（魂の友）と、前の人生を思い出して、「この間の一発は結構痛かったよね〜。あんなふうに、ひどくいじめられるなんて」

と楽しくおしゃべりはできても、そこで復讐とばかりに殴り返して、気を晴らすことはできないのです。ちゃんと地上に戻って、やり返したいときは気がすむまでやります。

地上の劇場でも、楽屋で悪役の人が、ヒーローの役の人に仕返しなどしていないでしょう？　結構仲良しです。映画のロケ地でも同じです。いじめられる役の人と、いじめる人が、とても仲良くおしゃべりしています。

地上という舞台で起きたことは、必ず舞台でしかキャラにできないシステムがあるために、生まれ変わりを繰り返しているのです。

地球という星の地上でやったことを、あの世に戻って、反省して、やり直したくなって、また自分で人生のプログラムを立てます。

細かく立てたい人は細かく。アバウトな人はアバウトに。もちろん、変更する人は変更も予定しています。本に出会ったり、人に出会ったり、強烈な体験をして意識が変わったり、様々なコースを予定して、あとは空白。お楽しみの空白になっているのです。その人なりの人生のシナリオを持って、守護天使とともに、地上に降りてきます。

独り孤独に人生を送るのではないところが、すてきです。

表面意識は、自分が書いた人生シナリオのことも、生まれる前からそばにいて守ってくれている天使の存在も覚えていません。

もちろん、地上に降りたばかりの赤ちゃんのときは、まだ見えて交流しますが、大人になるにつれて、だんだん交流が途絶えてしまいます。

赤ちゃんが、何もいないはずの空間に向かってニコニコ微笑んでいる光景を見たことはありませんか？　そこに、赤ちゃんの守護天使がいて、大丈夫よ、と話しかけているのです。

いまも、初めてこのような本を読む方は、びっくりして、思わず自分のまわりを見渡して、自分の守護天使がいないかを確認されたかもしれません。

なんとなくこのへんにいるかもと思った方向に、ウインクか、笑顔か、投げキッスをしてあげてください。

きっと、あなたの天使が大喜びですよ。ずっと、けなげに、黙って、気づかれもせずに、あなたを助け、守ってきたから……。

人生のしくみについての本を読む予定になっていれば、そのときに思い出して、孤独感が癒されて、涙でどっとほどけていきます。

人生の舞台の地上で、続きを体験し、繰り返しをして確認し、十分に堪能したら、あるいは納得するまで体験できたら、仏教でいう解脱といって、その段階から脱皮して、次のコースに行くようになっています。

こうやって、生まれ変わりのしくみが成り立っているのです。

表面意識は、今回の人生で、まだ真っさらの意識です。昔のデータは、生まれるときに混乱しないように記憶を消してきているので、一切覚えていないのです。

ところが、その奥にある潜在意識という部分には、いろんな思いが残っていて、過去の状況とそっくりな状況を体験すると、ボコボコと泡のように、思いがけない感情が湧きあがってきます。

まるでスイッチが入るように、場所、人、タイミングのどれかが、ふたを意識するために用意されていて、それを解放するスイッチが入るのです。

場所がきっかけになる場合は、引っ越し、転勤、転校、旅などがあります。

いまのあなたが、どうしても、人から認める言葉をかけてもらっても受け取れないなら、きっと、昔、つらい思い出があって、ふたが閉まっているのでしょう。

愛を受け取れないのも、意味があるのです。

その謎解きをしていきましょう！

この本のヒントから、あなたのふたが、ムズムズと動き出して、ポンと勢いよく取れて開いたら、不思議とまわりからの愛を素直に受け取れるようになりますよ。

いつのまにか愛を受け取る名人になって、次は愛を配りたくなるかも！

「自分なんか……」と
自己肯定感が低い
のも意味がある。

今が、マイナスの思い込みをプラスに変えるベストタイミング

場所、人、タイミング。この三つの条件で、潜在意識から、思い込みのふた、抑圧された感情のふたが表面意識に上ってきて、いまの自分が気づいて、感知します。

場所は、とても大切な、大きな因子です。

親の仕事の都合で転校してから、大きく人生が変わったことはありませんか？あるいは、引っ越してから、人間関係のトラブルで、びっくりの展開になったことはないですか？　せっかく念願のマイホームに移ったのに、家族の不調が続いて、暗い気持ちになっている人はいませんか？　旅をして、偶然、運命の出会いで、その後の人生が大きく変わったことはないですか？

私も、いままでの人生を振り返ってみると、明らかに場所が関係して、スイッチ

が入った現象が多いのに、びっくりしています。

場所のエネルギーを感じてスイッチが入るとき、人との出会いでその人のエネルギーでスイッチが入るとき、あるいは、場所も人もそろっているけれど、あるタイミングで急に動き出すとき、そのふたの特徴によって発動するきっかけは違います。

でも、いずれかの刺激でふたが取れ始めるのです。様々な振動で、思い込みのふたが、揺れながら、哀愁にひたり、やがて「さようなら」を告げるのです。例えば、

「人は信用できない。必ず裏切る」

「私は恋愛が苦手。長くは続かない」

「人を愛するのは傷つくだけ。利用されるのがオチ」

「自分はお金に縁がない。いくら努力しても無駄。金持ちにはなれない」

こんな感じで、ずっと慣れ親しんだふたは、そう簡単には取れそうにありません。

ところが、時期がくると、その思い込みのパターンを手放して、プラスの思い込みに変えるときがきます。

同じパターンを持った仲間のように感じられる人が近くにいて、その人につられて、あとをついていきたくなります。

時期が来ると、いろんな形で応援もあります。もちろん、自分専用の守護天使も大活躍です。ここぞとばかりに、大切な場面で、マイナスの思い込みをプラスに変える大イベントを手伝います。

「人は信用すると、必ず応えてくれる」

「人を愛すると、幸せがやってくる。他の人から愛が何倍にもなって返ってくる」

「自分はお金が大好き。どんどん豊かになって夢が叶う。幸せ〜」

と、それまでの思い込みがすっかり入れ替わります。

思いが人生を創っているのですから、思い込みを変えることで、当然、人生もいい方向に好転していくのです。気が進むときがベストタイミングです。進まないときには、保留にして次のチャンスを待ちましょう。

待つのも楽しいですよ。何かを信じて待つことも、愛の一つだと思います。

人生はすべて思い込み。
思いを変えれば、人生が変わる。

旅行や移動をきっかけに、感情を解放する

いままで解放した、私の大きな感情のふたは、ギリシャ、エジプト、イギリス、琉球、インディアン、インカ、フランス、イタリア、チベット、エルサレム、江戸時代など。様々な場所と時代を次から次へと、どんどんふたを開けてきました。

いずれも、何度も旅をしたり、住んだりした場所です。まだ、これからも解放は進むでしょうが、ここでは中間発表のようなものですね。

そして、愛する人と、あるいは気の合う仲間と旅をして、ふたが揺さぶられますスイッチが入るのです。

ギリシャに初めて行ったときには、あちこちの岩場や神殿でラッパの音が響き渡りました。歓迎のセレモニーのように感じて、とても幸せでした。

エーゲ海に沈んだ時代を、エーゲ海で楽しく泳ぐことで、ふたを開けました。数年後に、まさにエーゲ海に沈んだ時代に一緒にいたと感じる人と今生で再会し、ふたが開くプロセスがぐんと進んだのです。

エジプト時代は、子どもの時代にテレビの番組を見て、スイッチが入りました。ミイラを見て、弟を相手にミイラごっこをして、祖父からたっぷり叱られました。包帯と紙を使って、弟をミイラのようにぐるぐる巻きにしたからです。

大人になって、母と友人と家族とで実際にエジプトへ旅をしましたが、なぜか息苦しくなって、つらい旅でした。そのときは、まだ過去生などをまったく意識していませんでした。

数年後に過労で倒れてから、アメリカ人に退行催眠をしてもらいました。なんと、三〇〇〇年前、エジプトで華やかな舞台女優だったのに、身ごもった子どもを堕ろす薬で身体を壊して亡くなったというイメージがくっきりと出てきました。

悲惨な死に方でしたが、美しい女優は自分の憧れのタイプでしたので、うれしくなりました。

そのときの恋人と今生で再会して、さらにスイッチが入り、退行催眠の中で子どもを出産する疑似体験をして、現実の今生の肉体から毒素を排出して、みごとにエジプト時代のふたが開いたのでした。

さらに、沖縄に移住してから、大きな恐怖のふたにスイッチが入って、びっくりの体験をしました。それも過去生がらみでした。

フランス時代に魔女狩りにあって、火あぶりになった過去生を思い出し、社会に出る恐怖を解放したのです。

「社会に出ると傷つく、ひどい目にあう、迫害される」というマイナスの思い込みのふたが表面意識に上ってきて、恐怖のため歯がガタガタになって噛み合わなくなり、食事もできなくなりました。

歯の矯正に二年半かかりましたが、そのおかげで根深い世間に対する恐怖が解放されて、初めて実名で本を書くことができました。

それが、処女作『生命の子守歌』です。いただいた原稿料が、ちょうど歯の治療代とぴったり同じでした。すべてはうまくいっています。

そのときは大変でも、自然の流れにまかせて、そのときできること、**愛の行いをすれば、道が開けて、頑固なふたも開いて、私達の奥から、素晴らしい光があふれ出てきます。それこそが、本当の自分、内なる光と呼ばれる、私達人間の本質のエネルギーです。**

光が流れるようになると、人生への見方がぐっと変わって、自然と肯定的になり、明るく素直な性格になってくるのです。絶品の笑顔も出てきます。脳から幸せを感じるホルモン・エンドルフィンが大量に分泌されて、ますます良循環の流れに加速がつきます。愛の循環が始まって、頼まれなくてもまわりの人々に愛を配りたくなってくるのです。

もちろん、まわりの人からの、さりげない愛の表現にも気づいて、ちゃんと感謝を表して、愛の言葉かけもできるようになります。

そのマイナス感情を解放するために
今の人生を選んできた。

愛は「手」で伝えて、「背中」で受け取るしくみになっている

潜在意識には、表現されなかった感情のエネルギーがたまると、かたまりのようになって、だんだん増えると、頑固なふたになり、奥にある光があふれ出るのをふさいでしまいます。

最近では、そのふたをシャンペンのコルクに例えて、それが取れたとき、ポーンといい音がして、お祝いのパーティになるのよ、と楽しい解説をするようにしています。

なかなか抜けないコルクほど、抜けたときの音は大きく、気持ちよく、さわやかです。

そのふたを取るには、様々な方法がありますが、先ほど述べたように、ほかの人

から認める愛の言葉をもらって、それを受け取ることでも、それと反対のマイナスの思い込みがほどけるのです。

そのほかには、香り、アロマのやさしいディーバ・妖精の愛に包まれて、ふたがほどけてとけてしまいます。例えば、ベルガモット、オレンジ、グレープフルーツ、ジャスミン、ローズ、ネロリ、伊集《いじゅ》ぬ花《はな》、クラリセージ、ティートリーなどのアロマがおすすめです。

地球の細胞であるクリスタルを手に持ったり、アクセサリーで身につけても、ふたを作っているエネルギーを吸い取ってくれて、さらに、奥にあるキラキラの光を引き出してくれるのです。

ローズクォーツ、アメジスト、クリアクォーツ、フローライト、アクアマリン、ラリマー、ヘマタイト、パイライト、タイガーアイ、トルマリン、ターコイズ、インカローズ。そのほか、ありとあらゆる石の中で、お気に入りの石が、ぴったりだと思います。

クリスタルショップで、キラリと光って、自分にアピールしてくる石が、きっと、いま、あなたのシャンペンのコルクを開ける手助けをしてくれます。

ハンドヒーリングといって、ハートから手を伝わって、あふれ出る愛のエネルギーが、ふたを溶かすことも多いのです。

地球人の地球服である、私達がいま使わせてもらっている肉体は、ちょうど愛のエネルギーセンターの心臓近くの、最短距離にあるところから、腕が伸びて、手から相手に、ホットな愛のエネルギーを伝えられるしくみになっています。

私達は、愛のエネルギーセンターの後ろから、愛を受け取ります。

つまり、ハートの裏側の背中から、愛のエネルギーを吸収しているのです。

背中を手でスリスリすると、相手にたくさん愛のエネルギーが伝わって、愛の奇跡が起きるのです。

クリニック、セミナー、講演会で、相手を抱きしめる、ハグ（英語でhug、抱きしめる意味）をします。これは、いまの相手を一〇〇パーセント受け止める究極の愛の表現、ボディラングージです。

本の中で、「ハグ療法」と表現して、しっかり愛のパワーを使ったヒーリング方法として大活用していています。その効果は絶大です。一度で長年の心の傷や潜在意識のふたが開いてしまいます。どっと涙が出る人、笑顔になる人、波動温泉で気持ちいい〜とうっとりする人、いろいろです。

ちゃんとハグをすると、両手が相手の背中に触れるように、腕の長さも調節されていて、愛を受け取れる体のしくみに感動です。

ちょっと不思議な発想ですが、子どものころからの空想癖があって、時々、もし空気に色がついていたら、ヨン様のまわりに彼が吐き出した空気を吸いたいと多くの女性ファンが殺到するのでは、と空想したり、逆に嫌な人の吐いた空気が見えたら、息を止めて窒息しそう、とイメージしたとたんに、やっぱり、ちゃんと空気は無色無臭でいいのだわ、と納得するのでした。

愛のエネルギーもふつうは見えないから混乱が起きないのかもしれません。パニックにならないために、たくさんのことが、さりげなく存在しています。

クリニックやセミナー、講演会では、ヴォイスヒーリングも行っています。普段の声とは違う、まるで天使の歌声のようなやさしいメロディだけで、歌うと、不思議なことに、悲しくないのに涙がポロポロ出たり、気持ちのいい波動温泉のようにリラックスして眠くなったりして、体のブロックや潜在意識のふたが取れてしまうのです。これが思いのほか好評で、ついにＣＤにもなって、誘導瞑想の中で、しっかり歌っています。これを聞くと、どんな睡眠剤でも効かなかった不眠の人がぐっすりと眠れるというのです。とうとう「最後まで聞けないＣＤ」といわれるようになってしまいました。

ヴォイスヒーリングは、もちろん誰にでもできます。本当の自分、光の部分から声を出して即興で、愛を込めて歌ってみてください。特に、お風呂に入っているときに歌うと湯気で反響して、湯気エコーが効いて、さらにうっとりする声になりますよ。

なかには勘違いして、幽界と通じるような怖い雰囲気を出して歌うオペラ歌手もいます。そちらの世界とつながらないように歌いましょう。それには、おまかせの無私の気持ちで、愛を込めれば大丈夫です。

ヴォイスのほかには、もちろん前述した笑いでも、あっという間にふたが取れます。

本からのメッセージや、友達からのすてきな励ましや笑顔、愛の言葉かけも、ふたを開ける大事な愛の表現なのです。

まさに、愛は恐れを溶かす……、愛の奇跡は、いろんなルートで可能なのです。

それで、今回、私の人生は、「魂の通訳」として、過去生療法やエネルギー治療、そして「人生のしくみ」を解き明かす本を書いて、勘違いをしている人々に、本当の自分は、光で、潜在意識のふたが本当の自分ではないことを伝え、みなさんのシャンペンのコルクを、ポーンと気持ちよく開けるお手伝いをしています。

ハグで
愛のエネルギーが伝わると
愛の奇跡が起きる。

「心配の愛」を「信じる愛」に変える

私自身が、小さいときに、いわゆる「かわいくない変な子」でしたので、せっかく大人たちがほめてくれても素直に受け取らずに、ひねくれて、まわりの人の愛を受け取れなかったのです。本当に困ったあまのじゃくでした。

みなさんのまわりにも、そんな状態の「かわいくない子や大人」がいませんか？

その人達の潜在意識には、たくさんのふたがあって、ほどけるのを待っているのです。素直でない人は、よほど過去にひどい目にあって、心の傷が深く、人間不信、人生そのものに背を向けて、時には「神も仏もあるものか」とあらゆることに反発して、すっかり固まっているのです。

そんな人こそ、愛をたっぷりもらって、そのふたをポンポンと開ける必要があります。ひとたび、強靭《きょうじん》なふたが開くと、あとは面白いように連動して開いてきます。ふたが開くには、悲劇の主人公であることに、うんざりして、飽きてくるとしめたものです。長年、うつのままでいて、そのうちに、うつにも飽きてくるときが、うつからの脱皮、卒業なのです。

まだ、そのままでいたい人もいます。まわりがいくら変えようとしても、てこでも動きません。それも本人の意思です。まわりがいくら愛を注いでも、本人の意思が「そのままでいい」と選択すれば、やはりそのままが続きます。

逆に問題児の家族が楽しそうに元気にしてみせると、問題児はだんだん固まっている自分がつまらなくなって、いい加減もうこの自分から卒業したいと思い始めるのです。

三〇代の引きこもりの息子をかかえた母親が、なんとか息子を社会に出したいのでクリニックで見てほしいと、必死で電話予約をしようとしても回線が満杯状態でつながらず、怒りをぶつけるように、セミナーに参加しました。

ところが、「よく、いままでがんばりましたね」と愛をたっぷりもらって抱きしめてもらったあと、「もう十分にやったから、自分の好きなことをしていいのよ。息子さんから手を離して、見守ることは続けて、楽しい人生を見せてあげて」とアドバイスしました。

行きたかった温泉旅行、小旅行をして母親が楽しそうにしていたら、息子はアルバイトを始めて、自立への道を歩み出したのです。ブラボーです。ふたが開きました。

母親の強烈な愛情で、「自分の息子はダメ。自分がなんとかしないとまったく動かない」という思いが、重〜く息子の潜在意識にふたとなって、自立を止める手伝いをしていたのです。意識がそこからはずれるとそのふたのパワーが落ちて、かえってはずれやすくなるのです。

心配することも、一つの愛情表現ですが、しつこく心配すると、ふたを閉めるお手伝いをして、逆効果になっています。

心配をやめて、大丈夫と信じてあげることは、潜在意識のふたを開けるお手伝いになります。

せっかく使う愛のエネルギーを平和活用したいものです。

心配の愛を信じる愛に変換してみましょう。

いかがでしょうか？

みなさんにも長年親しんだふたがありますか？

そろそろ、それを気持ちよく開けて、とっておきのシャンペンを開けませんか？

上等なシャンペンを開けましょう！

ワインが好きな方は、もちろんワインで乾杯です。開けたとたんに、自分の奥の宇宙からキラキラと、素晴らしい光があふれ出ます。

まるで、シャンペンの泡のように。その光が私達の本質なのです。

相手に伝わる愛情表現は、
「心配すること」より
「信頼すること」。

あなたから愛の循環が始まる

愛の表現として、相手を認める愛の言葉かけ、手紙、メール、そして、相手が喜ぶと思って選んだプレゼント、食事、ドライブ、旅行などいろいろあります。

それを受け取るときに、その人の愛の受け取り上手がはっきりと見えてきます。

下手な人は、断ったり、ひどいときは、「何、こんなもの」とあからさまに顔に出して、相手の愛の表現をけなしたりします。素直に、「まあ、うれしい。ちょうど欲しかったの！　ありがとう！」と、笑顔で受け取るのが上手な人もいます。

日本では、欧米と違って、おみやげを渡すときに「つまらないものですが……」といって、自分のプレゼントを値引きしながら渡す習慣があります。謙譲の美徳として理解できますが、せっかくのプレゼントに「つまらないもの」とレッテルを貼ってしまうのは、もちろんTPOがあると思いますが、さびしい気がしませんか？

私は、愛の表現としてプレゼントを選んでいますから、つい素直な表現で、

「これは私がお気に入りのものですが、気に入ってくださるとうれしいです」

「とってもかわいかったので、あなたにぴったりだと思って」

などといって渡すようにしています。

みなさんは、いかがですか？　どんな言葉かけをしながら、愛の表現のプレゼントを効果的に渡しているでしょうか？

そして、渡し方の上手な人は、よく観察すると、受け取り方も上手です。

受け取り方が上手な人にプレゼントして、とっても喜んでもらったら、その喜びがまた愛のエネルギーに変換されて何倍にもなって戻ってきます。

私も仕事柄、プレゼントをよくいただきます。以前は、イルカが大好きなことからイルカグッズが多かったのです。カニグッズをいただくのは、クリニック、セミナー、講演会の最後に必ずカニ踊りをするからです。笑い療法と宇宙法則の言霊パ

ワー「すべてはうまくいっている」を使ったカニ踊りは、どんな強靭なふたもポンポンと心地よく開けてしまいます。

カニのイラスト入りの靴下をいただいて、さっそく吉本興業ではなく、「足元興行」をしています。かわいい靴下だけで笑いを呼んで、マイナスの思い込みのふたを開けられたら、とっても簡単、とってもワンダフルですね。

愛の言葉かけ、心のこもった愛いっぱいのプレゼントを、ちょっとオーバーに楽しく受け取って、それをさらにまわりの人々と分かち合ってみましょう。

分かち合う、シェアすることで、その愛が大きくなり、広がっていくのが、愛のパワーの特徴です。

お祝いにいただいた胡蝶蘭の鉢も、海の前のデッキで何度も花を咲かせています。「天の舞」の天使の扉の前で白いさわふじの花が毎年咲いてくれます。いただいた愛を咲かせ続けることも、長期にわたる受け取り上手かもしれません。

愛は違う人へとどんどん伝わっていくのです。

自著『人生のしくみ』でも紹介しましたが、登校拒否の女の子に花束をプレゼントしたとき、まさか、医師が家まで訪ねてきて花までプレゼントするなんて、ふつうは考えられなかったのでしょう。その子はびっくりして、その花束をたんすにぶつけて、「こんなもん、こんなもん」と泣き叫んで、私もその部屋から追い出されました。いまでもその光景は忘れられなくて、泣けてきます。

私も花は人一倍大好きでしたから、それまで初対面の人に花をプレゼントするのが習慣になっていて、妖精とも交流していたので、花の痛みを感じたのと、自分のハートも痛みました。彼女の痛みも伝わってきました。

その家から帰る道、涙があふれてしかたがありませんでした。でも、彼女を責めませんでした。怒りもせずに時を待ちました。

花に託した愛は熟成して、ずいぶんたってから彼女のふたが開いたのです。国立の精神病院で、外来の最後に診察室を出ようとしたら、彼女が花束を持って立っていたのです。花の種類までほとんど同じでした。

「先生、せっかく家に来てくれたのに、私、ひどいことをしてごめんなさい。あのとき、あまりにもびっくりして、花に八つ当たりをしてしまったの。久しぶりにたくさん泣いて、すごく泣いて、その後、すっきりしてきたの。本当にありがとう。これはお詫びです」

と花束を渡されて、今度はうれしい涙があふれました。

愛は必ず心のしこりを溶かします。時間がかかっても溶かすのです。

まるでごほうびをもらったかのように、とっても愛に満たされて幸せでした。その幸せはいまも続いていて、こうやって、本を通じて多くの人に伝わっていきます。

愛の受け取り方も、最初は下手でも、ちゃんと潜在意識には入って、しばらくして、それを新たに返すこともできるのですね。みなさんが与えた愛も、熟したらきっといい味の実になってまた戻ってくるかもしれません。自分に戻らなくても、きっとほかの人に別の愛の表現として伝えられていくのだと思います。

愛は必ず循環するのですから……。

愛は、人と分かち合うことで
大きくなり
広がっていく。

男性、女性エネルギーのバランスを上手にとる

愛を込めて物や言葉で表現されても、それが自分の好みでないとき、心地よくないもので受け取れないときも、その元の愛のエネルギーだけは受け取りましょう！エネルギーとしては、それが可能なのです。

それは、育ててくれた親にも当てはまります。ぴったりと自分がしてほしい愛情表現であれば何の問題もありませんが、それが、ピントのずれたものや、気に入らないときに、つい愛がないと勘違いしてしまいます。それは感性の違いであって、愛情表現はしっかりされているのです。

インナーチャイルド（内なる子ども、感情の象徴）の癒しのワークをすると、インナーチャイルドの役だけでなく、お互いに両親の役を演じあって、代理父、代理

母になってみると、意外にも両親から愛をもらっていないと思っていたのに、それなりに愛の表現をされていたと気づくことが多いのです。

特に、父親からの愛の表現は、子ども達に伝わらないことが多いです。

男の子ならキャッチボールやレスリングなどの触れ合いができれば十分にスキンシップから愛が伝わりますが、モーレツに忙しい仕事をこなしていて、あまり子ども達と触れ合いがない場合、子どもにとっては父親の影が薄くて、家庭を経済的に守っているというエネルギーとしての愛に気づかないかもしれません。

父親の愛を通訳するのが母親の役割です。母親が子ども達に、お父さんはこんな仕事をしてくれているのよと、ことあるごとに父親の話をしていて、意識の上では、ちゃんと父親の存在が明確にあると、たまに休みが取れて子どもとの触れ合いがあっても、違和感なく、自然に触れ合うことができます。

母親の意識も父親の存在にかかわる大切な役目を持っているのです。

もちろん、役割が逆転する場合もあるでしょう。父親がいなくて母子家庭でも、母親が一人二役、父親の分までちゃんとこなしていれば、子ども達は母親の中に父親のエネルギー、つまり、社会との窓口を感じられれば大丈夫です。子ども達は健やかに成長していきます。

私達は、器としての肉体とは別に、男性エネルギーと女性エネルギーを両方持っています。右半身が男性エネルギー、左半身が女性エネルギーです。ともにバランスが取れていると、一歩一歩、着実にやりたいことが、夢が実現していきます。

どちらかのエネルギーがアンバランスだと、ギクシャクしてくるのです。

男性エネルギーは、勇気、情熱、行動、変化、革新の働きを持っています。

夢を実現したいのに一歩前に進めない人は、右側の男性エネルギーがうまく流れなくて滞っているのです。そのエネルギーをブロックしてふたが閉まっているのは、

「自分はここぞというときにパワーが出ない」

「変化が怖い」

「やる気がないから動けない」

などのマイナスの思い込みがしっかり居座っているのです。

男性エネルギーが流れないときには、流れている人のそばに行って、よく観察して、まねをしてみるのも面白いです。直に触れることで、そのコツをつかむことができます。感動的な男性的ドラマや映画にはまるのもいいでしょう。

女性エネルギーは、調和、母性、育む、維持、感性の働きを持っています。

行動はしても、やりっぱなしでフォローができない人は、女性エネルギーのブロックがあるかもしれません。

男性でも、感性が豊かで、穏やかな調和のエネルギーが十分にあふれている人もいますし、女性でも、勇気にあふれて、行動力を仕事に発揮している人もいます。実は両方バランスよく伸びていると、最高に自分を表現できて、大満足の人生を歩んでいけるのです。

どちらのエネルギーも愛の表現には大切ですし、自分のバランスがよくなってくると、愛の表現に敏感になって、上手に受け取れるようになるのです。

「愛されていない」という悩みは
伝わらない愛情のかけ方が原因。

人からマイナスのエネルギーは受け取らない

東京に住んでいたころ、まだ私の潜在意識には、「人の治療をすると、自分が疲れて、倒れる」というマイナスの思い込みがしっかりとありました。

沖縄に移住してから、珍しく風邪を引いて寝ていたときに、はっと気づいたのです。自分の思い込みで、そうなっていると気づいたのです。

治療者やヒーラーが持ちやすい、マイナスの思い込みです。

これをはずして、

「私は人からマイナスのエネルギーをもらいません。愛だけ受け取ります！」

と宣言してみたら、それまで疲れのもとだと勘違いしていた患者さん達のことが、いとおしくてたまらなくなり、ハラハラと涙が出てきました。ハートから愛のエネルギーがあふれ出てきたのです。

それまでのマイナスの思い込みが、恐怖の感情で、それがふたになって愛を止めていたことに気づいたのです。気づけば、それだけで、ふたになっていた感情は流れて、ふたではなくなります。ブロックが取れて、どっと愛が流れるのです。

私達は人間関係で悩むことが多く、だからこそ、心や魂を磨くことができるのですが、「人の愛だけを受け取ります！」宣言をおすすめします。

できれば、声に出していってみてください。

きっと潜在意識にしっかりと入って、新しいプラスの思い込みになりますよ。それが心地よい音楽のように鳴り響いて慣れ親しむようになります。このほうがずっと気持ちがいいので、それを続けるうちに、すっかり自分のものになっていきます。

私も、東京では、このマイナスの思い込みがしっかりあったので、そのとおりに人からマイナスのエネルギーをちゃんと吸い取って、疲れ果てて倒れていました。

人生は、まさに思いのとおりです。

愛だけを受け取る宣言をしてからは、まったく倒れなくなりました。みなさんに、パワーアップしましたね、若返ってきましたね、といわれるようになりました。

愛だけを受け取ると決めると、自分のハートから愛がこんこんと湧き出てきます。愛の循環がしっかりできるからです。

恐怖を受け取ると、自分の中に恐怖ができて、これも雪だるまのように大きくなって巨大化します。これも、自分だけで収めきれずに、まわりに振りまきたくなるので、恐怖は恐怖を増やしていくのです。どんどん固まった人間が増えていきます。

恐怖は、人を冷やし、緊張させて、姿勢を悪くし、猫背にします。

エネルギーの流れが滞るので、体調が悪くなり、心は閉ざされ、孤独感が強くなります。人が信じられなくなり、愛も出なくなって、せっかくの才能も閉じて、やる気がなくなります。仕事の効率が下がり、誰とも話したくなくなり、ますます孤立して、笑顔が出ません。

家事もやりたくなくなり、科理を作るのもおっくうで、スーパーの出来合いのものか冷えた冷凍食品をチンして並べます。自分は不幸だと嘆き、幸せな人を嫉妬します。人とのつながりは狭まり、ますます恐怖の循環が続いて死にたくなるのです。

愛は人をあたため、リラックスさせて、ハートが開いているので姿勢もよくなり、体調までよくなってきます。

心が広く、愛があふれて、能力も最大に使えて、仕事の効率もよくなります。仕事が終わっても、楽しく仲間と交流して、ますます元気になります。家事も楽しく工夫ができて、新しいメニューに挑戦したくなります。テレビや雑誌でチャレンジした料理を家族で楽しみ、喜ばれて、さらに努力したくなります。笑顔で鼻歌も聞こえてきます。喜びと幸せのホルモン・エンドルフィンが出てきてますます幸せ～！　人間関係も順調、人とのつながりも広がって、愛の循環が続くのです。

さあ、みなさんは、愛と恐怖のどちらを選びますか？

愛を選んで、恐怖とさよならをしましょう！

愛を受け取ったら、今度は自分も愛をすてきに表現してみましょう！

「私は人からマイナスのエネルギーをもらいません。愛だけを受け取ります！」と宣言すると、閉ざしたハートが開く。

第3章

相手の心に届く愛の表現方法に気づく

愛情のかけ方を間違っていませんか

誰にも愛はあるのですが、それをどのように表現すればいいのか、その方法がわからなくて、うまく表現できない人が多いのです。

あなたも思いあたりませんか？　自分としては愛を込めたのに、相手に伝わらなくて、誤解を受けてしまったことが……。

いままで国立病院時代や様々な施設の嘱託医のときにも、まるで母親教室のように、どうやって子どもに愛情表現をするのか、というアドバイスをすることがよくありました。

私達は、子ども時代に、親から受けた愛情表現しか知らないので、それをまねして、代々引き継がれてきました。それをファミリーチェーンといいます。家族が鎖のようにつながっていくのです。

愛情表現いっぱいの家系はそれでいいのですが、愛情表現が特殊だったり、痛いスキンシップだったり、激しかったり、逆に、乏しかったりすると、子どもは、「こんな愛情表現は嫌だ、自分が親になったら、絶対にこんなことは子どもにしない」と思っていても、いざ、親になったときに、自分の親と同じ表現をしている自分に気がついて、愕然とするのです。

ところが、そこで救われるのが結婚制度です。人間が男女に分かれて、結ばれることで、愛情表現の違う家庭で育った二人がうまくブレンドされて、ファミリーチエーンが整っていきます。

もう一つ救われるのは、子どもは親を選べないと私達は思っていましたが、実は、**子どもが親を選んでいるのです。どんな愛情表現を持つ親かをある程度わかった上で、両親を選んでいるのです。**

それが、精神医学の中で、特にアメリカやカナダで研究されて、びっくりする結果が宗教ではなく医学の分野でわかる時代になりました。さらに、子ども達が、自分が空にいるときに、親を選んだことを覚えている子どもが増えています。その報告を書いた本まで世に出るようになりました。

愛情表現が豊かな家庭で育った二人を選ぶ子どもは、もちろん、愛情をたくさんもらって、明るく、自信を持って、その愛情表現を引き継いでいきます。

片方の親が愛情表現に乏しいと、豊かな親との対比で、その違いを身体で感じて、愛し方を学んでいきます。

両親とも愛情表現を知らない場合は、かなり大変ですが、大きなチャレンジです。抵抗したり、苦悩したり、それぞれの方法で、もがきながら問題行動を起こせば、それが親にとって、大切な愛情表現の問いかけのチャンスになります。

身体を張って訴える子ども達のパワーで、代々続いた愛情表現のパターンがよくなっていきます。だから、どんな条件でも無駄にはなりません。

ほとんどの親は、子どもにあふれんばかりの愛を持っています。でもそれをどの

ように表現して伝えるのかがわからないだけです。自分に、たっぷりの愛があふれていることにも気づいていません。

むしろ、自分には、愛がない、愛情不足だと思い込んで、それを指摘されるのが恐くて、びくびくしている親が思ったよりも多いことに驚きました。

きっとまた叱られる、親の愛情不足と批難されると思い込んでいるので、

「あなたには、子どもに対する十分な愛があふれていますよ。ただ、どうやってその愛を表現すればいいのかわからないだけです。勘違いしないでくださいね。あなたに愛がないのではありませんから」

と解説すると、親たちは、いままでの勘違いの涙をはらはらと流します。

「どこに行っても、親が悪いと批難されるので、また、先生にも叱られると思っていました。いままでの不安が消えていく思いです」

と泣きながらも、安堵の思いを素直に表してくれます。

そこから、愛情表現のレッスンが始まります。東京時代、小児精神科の外来は、

まるで劇団の練習場のようでした。

「せっかく、お母さんが愛情からいいことをいっているのに、キンキン声やがなり声は、子どもの耳が自動的に閉まって、中身がまったく入っていかないのよ。逆に、ささやき声や落ち着いたトーンの声のほうが、心にしみわたっていくの」

と解説をしながら、せりふをいう練習をします。これは、様々なトーンで実際やってみると違いがわかり、エネルギーとして見た場合にも、納得がいくので説得力があります。

イメージでは、相手の心のそばにいる感じです。面接のように対面すると、必ず、相手に緊張感や圧迫感があって、問い詰められているような感じになります。

相手との位置関係がすぐ隣か九〇度の角度だと、緊張感がうすれ、安堵感さえ感じられます。自分の味方がそばにいる感覚になるからです。相手のどこに座るかも、ちょっと工夫してみましょう！

また、せりふの語尾も大切です。少し語尾を上げると、同じ内容のせりふでも余韻があって、いわれていることが、自分の心の中で、自問自答しているような錯覚になり、人から押しつけられている感じがなくなるのです。

誰でも、人からいわれて、自分の行動パターンを変えたくないという、あまのじゃくの習性があります。これは、大人のほうがプライドがあって、強く出るかもしれません。外来に来た患者さんは、問題行動を起こす子ども達にさっそく試してみて、実際に穏やかに変化することから、効果があることがわかりました。

愛がちゃんと伝わる話し方は、

①ささやくような、落ち着いたトーンで、にこやかに

②相手の心の隣に座る感じで、隣か90度の角度に

③語尾を少し上げて

あなたも女優や俳優になったつもりで、すてきなせりふを魅力的にいってみましょう！　楽しく、自分の気持ちが伝わるようになりますよ。

愛が伝わる話し方三原則

①ささやくような、落ち着いたトーンで、にこやかに

②相手と対面しないで、心の隣に座る感じで

③語尾を少し上げる

トラブルは気づきと成長のチャンス

親の愛が伝わらないために、子どもは親に愛されていないと誤解して、孤独感から愛欠乏症になり、問題行動を起こすケースが多いのです。

これは、代々、ファミリーチェーンとして家族の中で引き継がれていきます。**自分が親になったときに、親から受けた愛情表現を、ふつうは疑問を持たずにそのまま引き継いで自分の子どもに表現していくのです。**

ところが、暴力的な、乱暴な愛情表現が続く家系に突如、突然変異のように変わった子どもが入ってくると、その子は疑問を持ってそれを親にぶつけて、その親は面食らってしまうのです。

「いままでやってきたとおりにして、問題なかったのに、なぜ、この子は理解できないの？　受け入れないの？」と、まずはその子がおかしいと誰もが思って対応しますが、なかなかうまくいかなくなったときに、「あれっ、自分たちの育て方が違っていたのかしら？」と考えはじめます。

そこからが、変革のスタートです。代々続いた荒々しい愛情表現から、やわらかく、あたたかい愛情表現へと変化していくのです。

その子どもは、初めは問題児でも、あとから考えると、親の意識を変えてくれた大事な存在として認められるようになります。その子どもの疑問がどう表現されるかは、ケース・バイ・ケース、言葉を変えれば、魂・バイ・魂なのです。

大体は、不登校、摂食障害、家庭内暴力、など大きく三つのコースに分けられます。もちろん、ほかにも、夜泣き、チック、夜尿症など、いろんな症状があります。

特に親の注意を引くには、学校に行かないか、食べないか、暴れるかの表現くらい派手に目立たないと、見過ごされてしまいます。

実は、子ども達も身体を張って、必死に自分の心がＳＯＳ状態であることを、つまり心の異常事態宣言をその子なりに、表現しているのです。

一番多いのが、不登校です。日本では、小中学生で14万数千人といわれていますが、実際はもっと多いでしょうし、少子化が進む中で不登校の割合は高くなり続けています。

不登校を選ぶ子どもは、内向的で、内気で、言葉による感情表現がうまくできずに、感情エネルギーが大量にたまっています。

家族の中で愚痴をいう人がいると、その愚痴を聞いてあげる立場か、聞かなくても、そのマイナスエネルギーを吸い取って、これ以上はためられないほどになると、オーバーフローで動けなくなり、本人の表面意識は本気で学校に行きたいのに、潜在意識に大量のマイナスエネルギーがたまってSOS状態になるのです。家族の中で、まるで信号機の働きをしています。

同じ家族でも、要領のいい子どもは不登校になりません。感情表現が豊かな子どもも、はっきりしている子どももなりません。上手に自分で感情を表現して、ストレスを解放して、元気よく外に出て羽を伸ばしています。

なかには家族に心配な人がいて、とてもおちおち学校に行っていられないと思って、自宅にいる場合もあります。

例えば、母親がうつ病、神経症の場合です。学校で勉強することよりも、病気の母親を看病、介護することのほうが本人にとって大切と思っているので、学校には行かずに母親の看護師のような役割をになって、それを実践しているのです。

中学生の女の子で、母親がうつ病になり、家事と看病で不登校のケースがありました。過去生では親子が逆転していて、何らかの理由できちんと育てられなかったという思い残しがあったため、学校に行くことよりも再育児を選んだのでした。過去生で育児ができなかったときに、今生で再育児をすることがあります。その場合は、不思議と子どもが親代わりをすることに不満も感じず、かいがいしく淡々とできてしまうのです。

高校生の女の子のケースで、パニック障害になった母親の代わりに、妹や弟の世話と家事をすべて引き受けて、学校に行かずに生き生きとしている場合もありました。その子は結局、学校をやめて、通信制に替えて、専門学校に行って、手に職をつけました。過去生では、彼女が産みの母で、パニック障害の母が育ての母でした。ちゃんと、今回の人生で恩返しをしたのです。

アダルトチルドレンと呼ばれるケースの中にも、魂の歴史をひもとくと、びっくりの「人生の意味」があるかもしれません。親を責めても、決して心は満たされないと思います。

魂として見ると、不登校の子ども達の魂は、あの世であまり休憩せずに、すぐに生まれ変わってきた魂が多いように思います。しかも、前回の人生が短命で、一〇代、二〇代で亡くなった場合が多いようです。よって、最近学校に行ったばかりですから、あまり学校に行かなくても学力がある場合が多いのです。

自著『生命の子守歌』でも紹介したように、小学生の女の子が一〇カ月間登校拒否をして、久しぶりに本人の意思で登校した日がちょうどテストの日。受けてみたら、その子は一〇〇点を取って、担任の先生を悩ませました。「僕はこの一〇カ月間、子ども達に何を教えてきたのだろう？」と。なぜなら、毎日きちんと登校していても六〇点しか取れない子どももいるのです。それに、集団生活の社会性についても、その子は一カ月であっという間にたくさんの友達を作って、一〇カ月間、十分に遊んで、何一つ不自由していませんでした。親よりも意志がはっきりとしていて、親のほうがびっくりしていました。その子にとっては、学力も社交性も問題ないので、一〇カ月間も学校に行かなくても支障がなかったのです。

早く社会に出てやりたいことをやる場合、親の面倒をよく見る場合などもありますので、よくその子どもを観察してみてください。逆に、親が子どもから教えられることが多いこともありますので、一方的に子どもがおかしいとはいえないのです。

不登校の場合、「よかったですね、これで、いろんな気づきと成長がありますよ！」と意外な意見を親子に話しかけて、びっくりしてもらってから、それぞれその子なりの解説をするようにしています。

起こることはすべて、
魂の歴史からの必然。

スキンシップでインナーチャイルドを癒す

愛情表現として、スキンシップが癒しとして効果的です。学校に行かないで、家にいたい子どもは、ぬくぬくとお母さんのスキンシップを求めています。

皮膚は、発生学的に、神経と同じ外胚葉《がいはいよう》系ですから、神経と密着しています。身体をなでたり、マッサージをすることで、手から伝わる愛のエネルギーが、皮膚を通じて伝わり、神経系に行き渡って、緊張が取れ、リラックスできるのです。

肌触りのいい、ぬいぐるみもスキンシップの癒しになります。子どものときに、お気に入りのタオルやタオルケットがないと眠れなくて、ぼろぼろになっても使っている子がいます。指しゃぶりが癖になっている子もいます。親からスキンシップが得られないときの代用なのです。

いきなり皮膚に触れなくても、まず、**同じ空間にいるだけで、母親や父親のエネルギー圏の中に入られて、それだけで幸せを感じられるのです。**

女の子なら、家で一緒にお菓子作りをしたり、お料理を作ったり、手芸をしたり、庭やテラスでガーデニングもできます。男の子の場合は、父親が参加してくれるなら、キャッチボールやバスケのシュートの練習、バッティング練習やゴルフの打ちっ放しなど、スポーツに気が進まなければ、子どもが得意なゲームを一緒に、あるいは、父親の趣味を披露する囲碁《いご》、将棋などもいいのではないでしょうか？　体験を共有するものは、身近に見つかるはずです。

徐々にハートチャクラの裏側、背中をなでたり、スリスリすると、手から背中に直接愛のエネルギーがしみて、ハートやお腹に心地よいあたたかさがたまってきて、愛され、包まれている気持ちを実感できて、心の充電もできていきます。

ハートにしみれば、愛の泉がわいてくるでしょうし、お腹にしみれば、お腹は感情のエネルギーセンター、インナーチャイルドがいるところですから、一気にインナーチャイルドが癒されて、愛に満たされて安心し、穏やかになってきます。

マッサージも効果的です。家族のマッサージを心がけていると、心の状態も把握できます。緊張したり、悩んだりしていると、体がこわばって、しこりができるので、マッサージをすると気持ちよくほぐれたり、重症のときには痛みを感じます。しばらく痛みを我慢してもらうと、しこりがほぐれて、やわらかくなり、詰まっていたエネルギーが流れ出して、体がすっきり、心地よく、健康体に戻ります。

東京の国立病院時代は、よく患者さんをマッサージして、直接ほぐして、愛をたくさん注いでいました。みなさん、恐縮しながら、でも断らずに、喜んでいました。それが手を当てるハンドヒーリングになって、手から出る愛のエネルギーを注ぐ方法は、もっと効果的になりました。

小学校五年生の女の子で不登校のケースがありました。お店の仕事で忙しくて、なかなか十分な交流ができなかった母親が、娘の不登校をきっかけに一緒に過ごす時間を大切にするように変わりました。やがて、愛の充電ができた娘は、自然に学校へ行くようになりました。その後、母親は、自分にとっても余裕のある生活が気に入って、娘のおかげで以前よりも元気になったのです。

スキンシップの中でも、とてもパワフルに効く方法は、ハグ（hug）です。クリニックでも患者さんをハグして愛の言葉かけをしますが、とても癒されるボディランゲージです。

「生まれてきてくれてありがとう！」

「今日までよくがんばったわね」

という愛の言葉かけとともに、ぎゅっと抱きしめてもらうと、母親に抱かれたような、懐かしい、幸せな思いに包まれます。

いまの自分を一〇〇％受け入れてくれる、とても愛に満たされる気持ちのいいものだからです。無条件の愛を行動で示したものです。ほとんどの患者さんは、ハグ療法で、涙が出て、大きくほぐれてきます。なかには、号泣する方もいます。

この方法が、治療的にも素晴らしいと感じて、「ハグ療法」として、本にもよく紹介してきました。個人的にだけでなく、診療場面でも取り入れています。

いきなり初めての人とハグをするのが難しい場合は、隣の人の背中を手でスリスリなでることを、講演会やセミナーでワークとしてやっています。もちろん強制的にはやりませんから、人と接するのが嫌な人はパスしてOKです。

ただ、まわりの人がやっているのを見て雰囲気を感じてくれれば、いつかできるかもしれません。体験した人は、そのときの楽しそうなイメージがインプットされますから、いつかできるようになるものです。

もちろん、スキンシップは、不登校だけでなく、あらゆる症状にも効果があります。チック、夜尿症、顔面神経痛、パニック障害、不安神経症、強迫神経症、うつ状態、不眠症、夜泣き、問題行動など、様々な症状にもリラックスできて、快方に向かうプロセスに役立ちました。

特に、症状と呼べるような状態でなくても、ストレスや落ち込みで気がふさいでいるときにも、家族にハグしてもらったり、背中をスリスリさすってもらったり、マッサージをしてもらったりすると、最高に気持ちがいいですよ。

ただ痛いところにちょっと手を置いてもらうだけでも、手から愛のエネルギーが注がれて、効果がすぐ感じられるほど、ほぐれて、リラックスして、楽になり、いつもの元気と笑顔がもどってきます。

子どもも大人も、一度味わうと、スキンシップにほれこみます。もちろん、ダイナミックなラブラブも、濃厚に愛の交流ができます。ギスギスしたカップルが、ラブラブしたあと、とってもいい感じに激変するのは、よくあることです。そこまでダイナミックでなくても、キスを軽くするだけで、魔法のように、ほどけてきます。

私もスキンシップ大好き、マッサージもスリスリも大好きです。みなさんをハグするのも大好きです。ワークで参加者ひとりひとりをハグして回ると、懐かしさといとおしさで、胸がいっぱいになります。強い絆のソウルメイトだと感じるときもあります。魂が覚えているような、不思議な気持ちがしてきます。

「よく頑張ってきたね」
愛の言葉かけとボディランゲージで
人は癒される。

言葉にできない本音が身体にあらわれる

拒食症や過食症など、摂食障害は、身体を張ってのかなり厳しい自己表現です。心が叫んでいるともいえます。やはり、生きて行くのに食べることは大切ですから、そこで、目に余る行動があれば、家族はびっくりして注目せざるをえません。食べなくなることは、強烈な自己アピールです。

拒食症の場合、母親との葛藤が多く、女性になるのが怖くて、女性らしいふくよかな身体になることを拒否しているのです。

過食症の場合は、食べることが孤独感を癒すことになって、その代償行為が症状として表れているように思います。

魂の歴史をひもとくと、過去生が戦争孤児だったり、飢饉で飢えて亡くなっていたり、逆に、中国の満漢全席で吐きながらご馳走を食べたり、食に関する心の傷、トラウマがある場合が見られます。

拒食症の母親のタイプは、コントロールマザーが多いようです。

なかには、中世ヨーロッパで、家の財政のために、中年の嫌なタイプの男性と結婚させられる運命の娘が、拒食でやせて相手に結婚をあきらめさせたという、ハンストによる必死の抵抗が、過去生のイメージで出てきたこともありました。

人類の歴史を振り返ると、いまも先進国以外は変わっていませんが、自分の意思に反するいやいやながらの結婚がとても多かったのです。その後遺症が人生を経て、今回の人生で短く再現して、その続きをしている人は、このコースを選んでいるかもしれません。

母親の愛情表現が、自分の思うとおりに子どもを育てようと、自分の考え方を押しつけている場合、子どもは、母親が作った手作りの料理を食べないことで、母の愛のエネルギーを拒否して、「あなたの愛情表現は自分が欲しいのではないの！」

と身体を張って自己主張をしているのです。

母親の魂との縁の中で、昔の続きをする場合も、食べないことで、その葛藤のスイッチがはいるのでしょう。それまで、おとなしくいい子でいたのに、急に食べなくなって、母親はおろおろします。体の調子が悪いのかと思って、内科に行っても身体はどこも異常なく、そのうちに自分への反抗だとわかるようになります。そして、子どもの気持ちや意見を少しずつ聞くようになって、母親の過干渉的な愛情表現が変わっていくのです。

また、母親特定でなく、女性性を否定している場合は、誰が作ったものも受け付けないため、スーパーで買ってきたおかずも食べません。そこで見分けがつくと思います。

過去生で男性から暴力を奮われて傷ついていたり、女性としてかなり虐げられていると、今回の人生で女性に生まれたこと自体が怖くて、思春期に女らしくふくよかになることを拒否して、食べなくなるのです。

過食症の場合は、自分自身が飢えで亡くなったことを最大活用して、同じ時代か、縁のある魂で、まだ光に帰っていない餓鬼《がき》のような霊になっているエネルギー体を光に戻すお手伝いとして、みんなの代わりに、大量に食べていることもあります。自著『人生のしくみ』で紹介した「光の仕事人」をちゃんとしているのです。

同じ過食症でも、食べたあとに自分で吐く場合と、もったいなくて吐けずに肥満も伴う場合とがあります。そこには、女性性に対する抵抗があるかどうかで違ってきます。女性性を否定したいときは、吐くことによって、どうしてもふくよかな女性になることを拒否したいのです。

そうでない場合は、自分も、助けている霊の分も、しっかり食べる喜びを味わって、ひもじさを癒しているのです。

生きていくのに大切な「食」を拒否するのは身体を張った心の叫び。

手をかけたものを食べる

地上での喜びの中に、食べること、寝ること、男女が愛し合うこと、自分を表現することなどがありますが、なかでも食べることは、誰でも、おいしいと感じたとき、「幸せ、生きていてよかった〜」と思わずにっこり口ずさんで笑顔になります。

寂しさ、孤独感を食べることで満たすことは、よくあることです。

毎日、家族は、妻や母や、あるいは、そのときの担当の誰かが、ハートからあふれる愛のエネルギーを最短距離の手から放射して、料理に込めて創ります。

その料理を食べることで、食材のエネルギーだけでなく、愛のエネルギーも摂取しているのです。

食材のエネルギーは、もちろん新鮮で生命エネルギーがあふれているほうがパワーをたくさんもらえます。

採りたての食材のほうが、長く冷蔵庫にあったものよりも、ずっとパワフルです。**野菜も魚も肉も、新鮮なものは虹色に光っています。オーラが輝いているのですね。生命エネルギーがいっぱいの食材を愛のエネルギーで料理すれば、最高の癒しの食事になります。**時には、命の洗濯として旅に出て、その土地の新鮮な食材の料理をいただいて癒されましょう！

愛のエネルギーは不思議なパワーですから、少し時間がたっている食材でも、その生命をよみがえらせることができます。感謝しながら、愛を込めて料理をすると、生命がよみがえり、自分の愛のパワーも込められて、さらにパワーアップです。**たとえ一人の食事でも、手をかけて創ることは、自分へ自分から愛を注ぐことになるので、これも「自分を愛すること」になって、愛に満たされます。**

一人暮らしで、いつもコンビニやスーパーのお弁当を食べている人と、シンプルでも手作りの人では、体調や精神状態も違ってきます。一杯の味噌汁でも添えると、ぐっと愛のエネルギーが循環して元気になります。

もちろん、食べるときに、その愛のエネルギーを分かち合う仲間がいると、そのおいしさと愛のエネルギーは倍増します。

誰と一緒に食べるかが、とても大切なのです。

気の合う人と楽しくおしゃべりしながら食べると、もっとおいしくなります。気の合わない、イライラした人がいると、食卓の場がしらけて、せっかく手作りのものも、おいしさが半減します。

すてきな音楽をかけると、さらに食欲や会話がはずみますが、テレビをつけても、面白くない番組だと、せっかくの味が感じられなくなります。

暗い雰囲気も、誰かが笑いを提供して、その日起きた感動の話をすると、ぐっと雰囲気が明るくなって、食事まで輝いてくるのです。

食事と食べるときの雰囲気から、体と心の両方にエネルギーが吸収されて、日々元気をもらっているのです。

料理を作る人が元気だと、そのエネルギーをもらって、家族も元気でいられます。楽しそうに、鼻歌で料理を作っている人の家は、きっと笑い声も多く、楽しい、リラックスの家庭だと思います。

悩みを持った人が、ため息をつきながら、しかたなく作った料理は、会話も少なく、やはりため息の多い、暗い食卓になってしまうでしょう。

自分で作る元気もなくて、スーパーの出来合いのものや冷凍食品をあたためて出すと、見た目ほどおいしく感じられないのは、手がかかっていない分、愛のエネルギーが不足しているからです。

外食のレストランでも、人気のあるところは厨房が明るく、愛にあふれています。いつも行っているレストランで、ちょっと味が濃くて、いつもと違う。ちょっと変だと思って聞いてみると、厨房《ちゅうぼう》でコック同士が喧嘩していたことがありました。イライラしていると、味が濃くなり、ボーッと気が抜けると、逆に味が薄くなるのです。いかに作っている人のエネルギーが食べ物にまで影響するかを、知ってほしいです。

三人の子どもを育てている、あるお母さんから、こんな話を聞きました。

「どんなに見た目のよい冷凍食品を出しても、子ども達は黙って食べているのに、手作りの料理は、たとえ簡単な野菜炒めでも、子ども達は必ず、『おいしいね〜、お母さん』といってくれます。手を抜けないですね」

どんな簡単な料理でも、手作りがおいしいのは、手から出ている愛のエネルギーの働きだったのです。

主婦や母の手作りの料理がいかに大切かを、あらためて考えさせられます。愛のこもったお弁当は、とてもやさしいパワーがあるのです。どうぞ、さらに、愛を込めて楽しく創りましょう！　子ども達も、ご主人も愛に満たされて、学校や職場で、元気いっぱいに力を発揮できます。

主婦業にちょっと疲れている方には、きっとグッドニュースだと思います。みなさんは、家族を支える、尊い大切な愛のお仕事をしているのです。

たった一杯の味噌汁でも
手をかけてつくることで、
愛のパワーがこもる。

自分をハグして、「大丈夫！がんばっている！」と認める

一日を終えて、布団やベッドで、「ああ、今日も無事に終わった。眠れる、幸せ～」と眠りにつくまでのひと時をうっとりと過ごします。今日も愛がいっぱいのおいしい一日だったと思ってぐっすりと眠りたいものです。

なかなかそう思えなくて、ひどく悩み、眠れない日々が続くことがあります。家庭内暴力は、先に紹介した不登校の子どものように、内気で、内向的な性格の子で、ずっと親の期待に応えて、「いい子」を演じてきた場合、たくさんの怒りが潜在意識にたまって、それがあふれるほどの量になると、抑えが利かなくなって、身体の発達が親よりも大きく、強くなったときに爆発し、暴力を振るって、立場が逆転するのです。

この場合の魂は、様々な人生の中で、「権力者と奴隷のパワーゲーム」を繰り返して来た場合が多く見られます。それを家庭の中で再現して、様々な気づきとともに、エネルギーのバランスをとりながら、落ち着くところに収まり、パワーゲームが終わります。

思春期時代に噴火しないで、そのまま社会に出て、結婚してから伴侶と「パワーゲーム」が始まるケースもあります。それが、ひどい暴力になると、ドメスティック・バイオレンス（ＤＶ）として事件、ケースに発展していくのです。伴侶を親と見立てて八つ当たりをしてしまうのです。

会社でパワーゲームにはまる場合もあります。自分の潜在意識に不安と恐怖を持っていると、それを引き出す上司を引き寄せて、怒鳴られたり、叱られて、最近問題になっているようなパワーハラスメント（パワハラ）として、パワーゲームを再開します。恐怖が大きくなると、妄想に発展して、仕事ができなくなります。そのパターンから抜け出すには、愛しかありません。きちんと不安や恐怖を表現して、お互いに許す愛の力で和解することです。

さっさとやめて、リセットしても、次の会社で同じパターンが繰り返されます。

これは結婚にも当てはまります。二回とも暴力的な夫に当たった妻がクリニックに見えましたが、本人も繰り返しの中で、もしかしたら、夫ではなく自分のほうに原因があると気づいていました。そのパターンを変えたくてセッションを受けたのです。やはり、彼女の潜在意識の中に、「男は暴力的で野蛮だ」という根強いマイナスの思い込みがありました。そして、過去生でも、自分が夫のときに、まったく同じ暴力夫をしていたのです。まさに歴史は繰り返すのです。

自分の中から批判、暴力、攻撃のパターンをなくさない限り、繰り返されます。それにうんざりして、変えたいと思ったときにチャンスが訪れるのです。思いきって、勇気を出して、おなじみのパターンから脱出です。そのとき、似たようなパターンの人々が同時に解放のチャンスを迎えるときもあります。

一斉に恐怖を解放して、愛を受け取るのです。自分の中に、そして相手の中にも。

信じあえるようになれば、そのグループ、会社は愛に満ちあふれてOKになります。あたたかい雰囲気と笑いが戻ってくるのです。

子どもを虐待する親の場合は、自分も子ども時代に愛を十分にもらえなかったり、大人になるまでの間に心がすさんで、極度の愛欠乏症になっていたりが見られます。親が子どもを親と見立てて、八つ当たりをしているのです。

最近ひどいケースが増えているので、ニュースを見て、びっくり、ここまで親が子どもを虐待できるのかと、ふつうに愛をもらった人には理解できない世界です。

共通して、虐待を受けた子ども達は、我慢強く、逆に親をかばおうとして涙を誘われます。子どものほうが、精神性が高く、中学生で餓死したケースは、菩薩行《ぼさつぎょう》をしていると、ふと感じ、新聞を手に持ったまま泣いてしまいました。

子どもの魂の「人生のしくみ」として、前の人生からの流れで、家庭内暴力をする場合も虐待される場合も、その表現を選んでくるのです。ともに激しい強烈な体験ですが、それによって、気づきや学びが大きく、魂が磨かれるのです。

どのパターンにしても、子どもの問題行動によって、その家系のファミリーチェーンが崩れて、新たな心地よいものに変化していく、いい流れとなっていきます。
表面上は、問題行動の子どもとされますが、実際は、愛情表現を良くしていくための、大切な「光の天使」の役割だと思います。

子ども達の必死の叫びに耳を傾けましょう。本音を言葉で表現できるようになれば、身体で訴える症状も必要なくなって、穏やかになってきます。

家族にとっても、本人にとっても、その体験によって、大きく、表面意識が変われるチャンスなのです。それによって、愛の表現が発達するのです。

では、愛には、どんな具体的表現があるのでしょうか？
「認める愛」は、とても大切です。
自分を認める、相手を認める、集団を認める、国を認める、スケールは広がっても、「認める」という行為には、相手の存在を受け入れる愛があふれています。

「インナーチャイルドの癒し」として、この「認める愛」をイメージ療法で、人々に紹介してきました。それが、劇的に効果を発揮することがあります。「認める愛」に不足している場合に、ツボにはまるような、かゆいところに手が届く感じで、愛がしみ込んでいくのです。

自分が自分をどう捉えているかが、まわりの人間関係に投影されて、映し出されてきます。

自分を認めてないと、自信がなくなり、他人に評価を求めるようになります。急がば回れで、自分をきちんと、「やるだけやっている」と認めれば、ゆっくりでも、魂磨きが進んで、はっと気づいたら、すてきな成長が感じられるのです。そんなとき、必ず、まわりの人から、「最近、きれいになったわね～？　いい人でも見つかったの？」といわれたり、「何かいいことあったの？　目が輝いてるね」と聞かれたり、身近な人はすてきな変化に気づいて教えてくれます。これは、とってもいいサイン。あなたの愛の表現がばっちりということです。

逆に、落ち込んで、元気が出ないとき、自分のことが嫌いになって、消え入りたいときには、自分を認めることを忘れています。かなり重症だと、形からでも「自分はよくがんばった！」と認める言葉を発するだけでも抵抗があります。

心底感じられなくてもいいから、まず、言霊《ことだま》パワーを使って、声に出していってみるだけでも、効果が出てきます。ちょっといい気分になったら、もっとしっかり自分を抱きしめて、「私は、大丈夫。ちゃんとがんばっている！」といってみましょう。この細かいプロセスが大切なのです。

子どもや生徒には、しっかり相手を観察して、本当にいいと思ったところ、成長したと思えるところを、きちんと目を見て、認めることが大切です。

「この間まではできなかったのに、ちゃんとできたわね。よくがんばったね！」と、いつも見守っていることも伝わり、力強い応援をもらって元気になります。子どもにはおせじが通用しません。すぐに見破ってしまします。

心を込めて、真剣に認めて励ますことです。

きちんと、ほめるには、①愛を持って観察、②変化や進歩を具体的に話す、③軽く身体に触れて、スキンシップをする、の三段階がおすすめです。

「信じる愛」は、時に、子どものしつけで必要になります。どの親も、この愛情表現はお得意だと思っています。でも、結構難しいかもしれません。どんなに問題行動を起こしても、それには何か必要な意味があって、奥の魂、本当の自分、光の部分は素晴らしいと信じられるかどうかです。

つい、表面の行動にとらわれて批判的になると、信じていないことが相手に伝わります。

「あなたを信じているわ！」というせりふは、一番相手がぐっとくる名文句です。

心を込めていわれると、悪いことはできません。思春期の子どもにも、旦那様にも効果的です。お試しください。

自分を認めていないと、
自信がなくなり、
他人に評価を求めてしまう。

第4章

愛を配る人から
すてきな人生が始まる

与えるほど返ってくる宇宙の法則

愛に気づいて、上手に受け取ることができるようになると、自然に、ハートから愛があふれてきて、まわりの人に与えたくなってきます。

受け取ったら、今度は与える側になるのが自然の法則かもしれません。

「与える愛」という言葉は、最初は宗教の分野の本で見つけました。「与える愛」という言葉の響きが、高校生のころからとても好きでした。

「与える愛」は「見返りを求めない愛」「無償の愛」「無条件の愛」とよく表現されますが、これは究極的には「人類愛」にまで高められていきます。

わざわざ与えるという言葉を頭につけることで、「奪う愛」や「ギブ・アンド・テイクの愛」から区別されている感じが伝わってきます。

しかし、本当は、**愛を与えたときに、愛をもらっている**のかもしれないと思うようになりました。

愛は循環するので、与えた相手からではなく、体験から見ると、別のルートから愛がちゃんと回ってくるような気がしてきました。

宗教でいう「与える愛」は、特に、キリスト教では、よく使われる言葉です。無私の心で、相手に見返りを求めずに、ひたすら愛を与え続ける姿は、確かに美しい絵のような、清純さを感じます。

「与える愛」の代表的な話として、三浦綾子さんの小説『塩狩峠』（新潮文庫）を思い出します。しばらく涙が止まらなかった、人類愛の作品です。北海道の交通の難所で、実際にあった列車事故の話をもとに書かれたものです。

カリエスにかかって婚約が破談になって落ち込んでいた女性にプロポーズした二三歳の男性の話です。

彼は鉄道員で、ちょうど結納《ゆいのう》の日に、暴走した列車を止めるため、とっさに線路に飛び込み、自ら車輪の下敷きになって、多くの乗客を救いました。

鉄道員として殉死した、見事に生命を生ききった話です。

三カ月後、婚約者の彼女が受難場所にたたずんで、「私は、一生あなたの妻です」と彼の魂に語りかけ、号泣して線路に泣き伏したシーンで、さらに泣けました。

私の母方の祖父がやはり当時の国鉄に勤めていたので実話として聞いていましたが、三浦綾子さんの愛と文章力によって、素晴らしい「与える愛・無償の愛のドラマ」になりました。

もう一つ、やはり実話を小説にした忘れられない話、ナチスのアウシュビッツ収容所での深い愛のエピソードをご紹介します。

聖書のヨハネの福音書《ふくいんしょ》にある言葉、「人、その友のために死す。これより大いなる愛はなし」という聖句を実践したコルベ神父の話です。

遠藤周作さんの『女の一生　二部　サチ子の場合』(新潮文庫)に出てくる、これも「与える愛」のお手本として、心に深くしみ入ってきます。

「どうせ死ぬのですから」と、家族のある囚人の身代わりに死んでいく神父を見て、多くの人は、深い愛の感動を魂に刻んで、荘厳な黄金に輝く夕陽を見つめながら祈りました。そのシーンは、たとえ残酷な戦争の中にあっても、人間の尊厳と愛の讃歌が存在することを教えてくれます。

戦争で、身近な出来事として思い出すのは、ビルマ、いまのミャンマーのジャングルで亡くなった父方の伯父の話です。食料難のときに、自分の食料をほかの人に与えて先に亡くなっていったと聞いて、伯父の愛の行為に魂の高潔さを感じ、誇りに思いました。戦争という極限の状態でも、「与える愛」が息づいているのは、救われる思いですね。

そのことも知らず、私は幼いころから、祖父の部屋に飾られていた伯父の軍服姿の写真に毎日話しかけていたそうです。

数年前、両親とお墓参りをしていたときに、伯父の魂から「いまは、チベットの男の子に生まれ変わっているよ。いつか必ず逢えるからね」というメッセージが伝わってきてわかりました。ジャングルで亡くなった伯父の骨も拾えなかったという父の悔やむ思いが、このメッセージで一掃されました。もう生まれ変わっているのですから、骨に執着しなくてもいいのです。いつか必ず逢えるということが、とても楽しみです。

自分がしてほしいことを、人にしてあげること、それが「与える愛」だとよくいわれます。自分がなりたい状態を人に与えることで、自分も自然にその状態になっていくのです。

これも深遠な宇宙のしくみだと思います。

大事なのは、「真剣にすること」のようです。自分の利益のためだと、途中で回らなくなります。本当に人のためにすることが喜びであれば、うまく回るのです。愛にも宇宙法則があるのです。

愛は循環する。
誰かに与えると、
他の人から与えられる。

「愛する力」を上げるために地球に生まれてきた

愛を表現できる才能を、「愛する力」という言葉で表現してもいいかもしれません。

世界的なベストセラーになった本、エンリケ・バリオス著『アミ 小さな宇宙人』（徳間書店）を読んだときに、「愛の度数」について書かれていて、本当にびっくりしました。

宇宙人アミから見た、地球人それぞれの「愛する力」を度数で表していて、目からウロコが落ちました。

最初、「愛を数値化するなんて」と少し抵抗があったのですが、よく読んでみると、確かに私達は、**「愛する力」＝「愛の度数」を増やすために地上に生まれてき**

ているのかもしれません。

本来、愛に度数などないはずですが、あえて数字にして、愛のエネルギーをもっと具体的に表現しています。これは画期的な表現です。この本を読んだことがある人は、何年たっても忘れられないでしょう。

自分は愛の度数がどのくらいかしら？　と自問自答してみたくなります。

なかには、「愛を数値化することなどできない。そんな発想はおかしい！」と思う方もいると思います。でも、この本の中でアミが表現しているのは、地球という星をもっと意識して、さらに自分のことも、自分が出している愛のエネルギーのことも、きちんと意識してほしかったからだと思います。

そのうち、関心が薄れて、愛について、日常生活であまり意識しなくなるからです。「愛の度数」という表現を、潜在意識に一度インプットしておくと、それだけで愛が身近になってきます。

その意味では、この『アミ　小さな宇宙人』は、世界中の人々に、とてもいい気づきをくれた、大切な働きを持っています。

まだこの本を読まれていない方に、簡単にご紹介しましょう！

このお話は、エンリケ・バリオスさんが、三五歳ごろに体験したことをもとにして書いているそうです。チリにお住まいのエンリケさんと電話で話すチャンスがあって、ご本人に聞いてみました。

そのまま三〇代の経験として本に書くと人々からの抵抗が強いので、九歳の男の子の体験した話をメルヘンとして書いたほうが、人々の抵抗なく、心に大切な「愛のこと」がしみ込んでいくからです。メルヘンとして聞くと不必要な疑惑や理屈が邪魔をしないからです。

とても大切なことは、お金でもなく、名誉でもなく、愛なのです。

エンリケさんも、そのことを伝えたくて、アミシリーズ『アミ　小さな宇宙人』『もどってきたアミ』『アミ　3度めの約束』を世に出したのでした。

アミは、こんなことをいっています。

「文明人と呼ばれるには、次の三つの基本的な条件を満たすことだそうです。

1、愛が宇宙の基本法であることを知ること
2、国境でバラバラに分裂している世界を一つに統一すること
3、愛がすべての世界機構の根本となっていること

そして、ほかの文明的な星は、世界中どこでも家族が仲良く愛で結ばれていて、与え合って生きている」

愛する力、愛の度数が高い人は、地球上で、たくさんの回数を生まれ変わって、愛の表現、愛の力、様々な愛のパターンを体験して磨いてきたのだと思います。
体験が豊富だと、それだけ「愛する力」も増して、「愛の度数」も高くなるので

しょう。

『アミ　小さな宇宙人』では、地球人の愛の度数が平均で五〇〇くらいだそうです。やさしい穏やかな人で七〇〇くらい。たくさんの人々に愛を配っている人は八〇〇くらいまであるかもしれませんね。

あなたは、どのくらいだと思いますか？

きっと七〇〇はあると思いますよ。

このような発想をすることは、日常生活で、もっと「愛について」意識を向けるにはいいかもしれません。無意識に生きることが、とてももったいない生き方だからです。

何も考えないで、何も感じないで、流されて、無意識に生きていると、時間の密度が薄くなって、体験も薄くなり、「生きている！」という実感が湧かないまま、ただ無感動に日々を過ごしてしまいます。

確かに、せっかく地上に降りて生きているのに、実にもったいない話です。

たくさんの魂が地上で愛を学びたいと希望しているのですから、生まれ変わってきたこと自体が、とてもラッキーなのです。そうなると、それだけの成果を上げたくなりますね。

今回の人生は総集編の時代といわれていて、気になる自分の過去生の思い残しを実現したり、続きをやったり、いままで修練してきた才能をマルチプルに活用して、新たな創造にチャレンジしたり、と盛りだくさんですが、最後は、すてきなハッピーエンドを演出しているようです。

せっかくですから、十分に楽しんでから、あの世に帰りましょう！

この美しい青い星、地球は、愛に満ちあふれていて、地上でいろんな体験をしながら、その愛を感じたり、味わったり、自分の愛の度数を上げたりして、しっかり人生をまっとうするようになっているようです。

では、次に、愛の度数をどのようにして上げていくかを、いろんな角度で見てみましょう。

愛の度数を上げるために、
愛の星・地球で何度も生まれ変わり、
様々な愛のパターンを体験するように
できている。

愛の度数を上げる言葉、下げる言葉

実は、**愛の度数を上げるために、愛の星、地球で何度も生まれ変わって、私達は、愛の度数を上げてきています。**

もちろん、生まれ変わりの回数が多ければ、それだけで愛の度数が高いとは一概にいえません。でも、やはり、**体験が多いほど、気づきのチャンスが増えて、愛の体験も多くなり、愛の度数が上がるのです。**

特に、カウンセラーとかヒーラーと看板を掲げなくても、愛の度数が高い人には、人生相談に来る人が多いのです。

みなさんも思い当たりませんか？

それも不思議に、自分が体験したお得意の分野について聞きに来ることが多いのです。お互いにセンサーがあって、ちゃんと得意分野を感じるのでしょうね。

私の場合も、自分が体験したパターンとそっくりの人が、人生の先輩としてのアドバイスを受けに見えます。

本当に、「すべてはうまくいっている」です。

だから、いまからヒーラーやカウンセラーをやりたい人、もうやっている人、安心してください。ちゃんとアドバイスできる人がやってきますから。

そんなしくみになっているので、タイミングがきたら、ヒーリングや人生相談をやってみたくなったときに、やり始めるといいのです。

愛の表現がまだ不十分でも、それなりにできるから不思議です。

やはり、そこにお互いの波長が合う、あるいは、魂レベルで深い縁があって、ちゃんと、アドバイスを伝えるしくみになっているのです。

アドバイスをする側の人は、時に、口が勝手にしゃべることがあります。それを自分で聞きながら、「なかなかいいことをいっているわ～」と思うことがあります。

それは、相手の本当の自分＝魂さんからのメッセージを伝えているときです。

そんなときは、よどみなく、しかも知らないはずの情報を知っていて、まるで日常生活を見ているかのような、あるいは、人間関係の相談で、相手の人はその場に来ていないのに、逢って話したことがあるように、その人のことが十分わかった上でのアドバイスが上手にできたりします。

そのような状態は、相手の本質とつながって、魂の通訳ができているのです。

安心して、直感に従って、アドバイスを続けてください。愛の循環ができています。

愛の循環をいくつも持っていると、いざというときに助っ人に困りません。

例えば、町内会でいろんなお年寄りを世話してきた人は、たとえ、自分に子どもがいなくても、あるいは遠い場所に行ってしまって、なかなか親元に帰れなくても、思いがけない別の人から助けの手が伸びて、気がついたら手厚い介護を受けていたりするのです。

まさに救いの手が差し伸べられるのです。

ここで、愛を伝える「手」について、その言葉の使い方の多さを感じてみたいと思います。

手をかける、手のかかる子ほどかわいい、手が行き届く、手作り、手伝い、手塩にかける、手厚い、救いの手、手助け、手料理、手縫い、手加減、手の温もり、手ほどきなど、ざっと思いついただけでも一四個あります。

これらを言い換えると、こんなふうになります。

愛を与える、愛をたっぷり与えた子ほどかわいい、愛を配る、愛のこもったもの、愛を伝える、厳しい愛とやさしい愛をともに与える、愛がいっぱい、救う愛、愛の助け、愛のこもった料理、愛のこもった縫い物、愛を出す量、愛のあたたかさ、愛のこもった伝授これはすべて、愛を与える言葉だと思います。手から愛が出ているからです。

そして、ちょっと広大な表現ですが、宇宙にも愛があふれていて、それを感じることができます。

とにかく、**手をかけること、愛を配ることの繰り返しで、愛の度数が上がってきます。**

逆に、「めんどくさい」という言葉は、愛の度数を下げるのです。

めんどうがらずに、丁寧に愛を込めて与えると、着実に愛の度数が伸びてきます。見返りを求めると、やはり、ぐんと減ってしまいます。

母からよく、「啓子の人生には、『めんどくさい』という言葉がないのね。よくまめにいろいろできるわね。あちこちに講演に行くたびに、こまめに準備しているわね」といわれます。

「ファッションが生命」なので、必ず帽子と服とアクセサリーを全部合わせて、旅芸人のようにスーツケースをころころ引っ張って、そのときを精いっぱい楽しんでいます。だって、いつも**「いま」ということの瞬間は一度きり**ですから。

昔は自分をひどく嫌っていて、そのため、どんな格好をしても平気でしたが、いまでは自分が大好きになって、好きなように、かわいく演出するのが楽しみです。

みなさんも、「めんどくさい」という言葉を自分からはずして、自分にも人にも気楽に愛を与える、軽やかさを身につけませんか？

きっと、愛の度数が、自然に高くなりますよ！

愛の度数を上げるための、次に大切な要因は、直感をもっと信じて、愛の表現に使うことです。

直感も愛と同じで、意識して使うと、どんどん磨かれて、鋭くなります。

日常で直感に従うことが多く、とても助かっています。ふと、何気なくそう思えること、理由なく、そうだと思うことが直感です。

私は、直感を信じる力だけは自慢できます。

特に、セミナーでの実習のとき、直感でペアを選ぶのですが、毎回びっくりのペアリングになります。

例えば、同じ県の町内から来た二人だったり、職業がまったく同じだったり、苦手なお姑さんの名前と漢字まで一緒だったり、取り組んでいる人生の課題がそっくりだったり、人間関係の問題で悩んでいて、一人は解決したばかり、もう一人はこれからだったり（まるで使用前、使用後のカップル）、体の痛いところが同じで、過去生も同じだったり、びっくりのマッチングが、実習後のシェアリングで明らかになります。

直感は、愛の表現を高めて、効率的にします。人生の流れをよくし、夢の実現へのプロセスを早くします。今日から直感を信じてみませんか？　不思議ないい流れが日常にたくさん訪れますよ。

そして、無理なく、愛の度数も上がってきます。一石二鳥の愛と直感にブラボーです。

手をかけること、愛を配ることの
繰り返しで、
愛の度数は上がっていく。
「めんどくさい」は愛の度数を下げる。

「奪う愛」をやめて、「与える愛」を選ぶ

与えた愛は、その後、どうなっていくのでしょう？

直感で、ふと、「自分が与えた愛のその後」を感じてみてください。実際に相手に聞いてみるのもいいと思います。

びっくりするほど発展しているケースもあれば、まだ足踏み状態もあります。

愛の循環が早く回っている場合と、ゆっくりの場合があるからです。

私もクリニックで愛と笑いの治療をして、その後、どうなったかを、次の再診や手紙で知ることがあります。一回でみごとに、軽やかに変化して、一緒に喜ぶこともあれば、ゆっくり進むケースもあります。「先生のアドバイスをやってみても、まだ伴侶が見つからない」と怒りをぶつけられて、がっくりすることもあります。

最初は結果に一喜一憂していましたが、「人生のしくみ」がだんだんわかってくると、自分がかかわっているのは、ほんの一部の役割なのだと理解できて、淡々と受け止めることができるようになりました。

医師は患者さんの病気を治すのではなく、患者さん自身が病気を通じて、様々なことに目覚め、気づいていきながら、自分で治っていくのだと、ようやくわかるようになったのです。

いま、病気の最中のみなさんは、自分で選んだ病気を最大に活用して、たくさんの気づきを得て、病気をどんな形で治すかを自分で決めてください。

病気になることは、決して悲劇でもなく、被害者でもなく、意味があってそうなることを選んだのですから。

「患者さん自身が本当の主治医」だと思います。自分で医師も、病院も、治療法も選べると思います。主体性を持つことで、これからの医療は、大きく変わっていくのではないでしょうか？

そして、医療の中にも「与える愛」が、もっと意識的に増えていくと思います。その啓蒙運動をしていきたい意欲があふれています。

究極的には、死んでから、あの世で、自分の人生のビデオを縁の深かった人たちと一緒に見るときに、「与えた愛の行く先」を知ることができます。

このときに、自分が与えた愛で、また自分が祈ったことで、愛のエネルギーがどんなに相手を助けたかが、映像ではっきりと追いかけて見ることができるのです。

「与える愛」にあふれた人生の人にとっては、なんと至福のときでしょうか？　多くの人々から、祝福の拍手をたくさんいただけるでしょう。

でも、「奪う愛」が多かった人の人生は、恥ずかしさが頂点に達すると思います。自分が愛を奪ったあとの流れ、悲しんだ人々の涙を見てショックを受けるでしょう。そのときに、愛の質が問われると思います。

愛は風のような特質があります。時には力強く、やさしく、やわらかく、広く、深く、細やかに、いろんな特質が、必要なときに表れてくるのだと思います。

中国の有名な故事に、あるレストランの風景として、わかりやすく表現されています。

「地獄」と書かれた部屋では、長い箸《はし》を持った人々がひしめき合って、目の前のご馳走を食べようと必死になるのですが、箸が長すぎて食べ物を口に運ぶことができません。すごく怖い形相《ぎょうそう》で、みんな骨と皮だけのようにやせ細っています。

一方、「天国」と書かれた部屋では、同じく長い箸を持った人々が、とてもなごやかに、笑い声が響いて、明るい雰囲気でご馳走を食べています。長い箸を上手に使って、相手の口にご馳走を入れてあげているのです。みんな仲良く、たっぷりのご馳走を堪能して、とても幸せそうに、健康そうなピンク色の頬と、がっちりとい い体格をしています。

この話は、誰にでもわかりやすく、さりげないけれど、しっかりと「与える愛」と「奪う愛」を表現して、さらに、その行く先を教えてくれています。はっとする対比と展開がみごとですね。

「与える愛」が満ちあふれていると、そこの場のエネルギーが、豊かで、明るくて、伸びやかです。

「奪う愛」があふれていると、そこの場のエネルギーは、貧しくて、暗くて、緊張と恐怖がいっぱいです。

それも、お互いに、その場にいる人々で創造しています。

すてきな場のエネルギーを感じたら、そこの場にいる人に、ぜひ、インタビューをして見てください。

どんなプロセスで、すてきなエネルギーを創ってきたのかを聞いてみましょう。

きっと、その説明の中に、役に立つヒントが見つかります

「与える愛」のエネルギーは、
明るくて伸びやか。
「奪う愛」のエネルギーは、
暗くて緊張と恐怖がいっぱい。

「家族のオーラ」を明るくパワフルにする

与える愛は、必ず、循環していきます。与える愛は消えないで、ちゃんと流れているのです。与えられた人が、その愛のエネルギーの心地よさを味わって、自分のところだけに、とどめていられなくなるからです。愛が回って、人から人へと広がっていくのです。

与える愛が家族の中で循環を始めると、それは、すてきな家族のオーラになって、何倍にも増幅するのです。

たとえ、一人ひとりのメンバーが、学校や職場でつらいことがあっても、家族がいつもスクラム組んで、泣いたり笑ったり、しっかりしゃべって、エネルギーの交換や、コミュニケーションをしっかりしていると、愛のエネルギーが強い絆になって、家族のオーラが守ってくれます。

学校でいじめられても、自分が家族というチームの一員で、本当は大きなすてきなチームがあって負けないのだからと不思議な安心感で、へこたれなくなるのです。

いじめた相手は、意外な芯の強さにびっくりして、次からはいじめなくなります。

感情のエネルギーセンター、おへそのぐんと下の恥骨の奥にある丹田《たんでん》と呼ばれるところが、あたたかく、満足していて、パワーがたまっています。

逆に、普段は家族としゃべらず、話しかけられても、「別に」「関係ない」とうるさがって心を閉じて自己表現をしていないと、孤立して、孤独感が胃の後ろに冷たく張りついてきます。お腹も冷えていて、丹田のパワーは弱くなっています。家族全体の雰囲気も暗〜くなって、家族の絆も弱く、家族としてのオーラも暗くなります。家族のオーラが暗かったり、弱かったりすると、一人のときにも、つい弱気になってしまうのです。

空気のような、目にはふつうは見えない家族のオーラにちょっと気を向けて、意識を向けてみましょう！　家族のありがたさが、改めて身にしみてきます。


ある明るいお母さんが、小学校六年生の娘に質問されました。

「ねえ、お母さん。もし、私が家出するといったらどうする？」

「もちろん、お腹がすかないように、おにぎりを作るわよ！」

「あっ、そう!?」

そして、しばらくしてから、

「お母さん、お願い、おにぎりを作って！　友達がいま、家出をして公園にいるの。みんなも一緒なの！」

「わかったわ！　まかせといて！」

そのとき、梅干が切れていて、明太子でおにぎりを二〇個作りました。

「おにぎり、どうだった？」

「ちょっと辛かったけど、みんなおいしいって食べたよ」

「その子は？」

「おにぎりを食べたら、しばらくして、その子も友達みんなも、お家に帰ったの」

「あっ、そう、よかったわね！」

愛があふれているおにぎりは、家出した子の心にしみ込んで、ぽっと、あたたまって、帰りたくなったのでしょうね。おにぎりパワーはすごい！

そして、そのお母さんの家族のオーラも明るくて強いですね。

二年後、同じお母さんが、娘さんのことで、中学校から呼び出しがありました。前の晩、娘と一緒に、かなりがんばって、皮のかばんにマスコット人形をつけたのですが、そのことで呼ばれてしまったのです。

「お母さん、見てください、娘さんのかばんを！　こんなものをつけているんですよ！　ちゃんと注意してください！」

学校から帰ってきたお母さんを、心配そうに娘さんが待っていました。

「お母さん、ごめんね！　先生に怒られた？」

「大丈夫よ。でも、残念だったわね、せっかく一緒にマスコットをつけたのに、一日しか楽しめなかったわね！」

と、そのお母さんは娘の立場に立って、なぐさめて決して叱らなかったそうです。

実は、そのお母さんは継母でしたが、難しい思春期の娘さんたちと、友達のように話をして仲良しでした。毎日、娘達をマッサージしたり、創作のお話を聞かせたり、楽しい愛の循環ができていました。

愛の循環ができている家族は、とても明るくて、みんなよくしゃべります。笑い声も大きく、食卓もにぎやかです。夕食では、われ先にその日の出来事を話したがります。うっかりすると、見たかったテレビ番組を忘れてしまうほどです。

愛の循環ができていない家族は、暗くて、静かで、ため息やテレビの音がむなしく響いています。食卓もあっという間に終わって、それぞれがすぐに自分の部屋に閉じこもってしまいます。会話の少ない、消費エネルギーが乏しい寒い雰囲気です。子ども達はそんな家庭に帰ってきたくなくて、外で似たような環境の仲間と遊びたがります。

愛の循環はとても大切で、誰かがそれに気づいて、エネルギーを注ぎ込もうとすると、流れが変わってきます。

最初はギクシャクしていても、少しずつ回り始めると、本当は、みんなが心の奥で願っているので、刺激を受けて、自己表現が始まります。たとえ最初は喧嘩であっても、冷たい雰囲気よりは、ずっとましです。

動き出した証拠なので、最初は、悪循環に見えても、止まっているよりはいいので、それが、しだいに良循環になるまで、動き続けてください。きっと気持ちのいい流れに変わっていきます。

あなたの家族は、どうかしら？

愛が循環していますか？　止まっていませんか？

止まっていたら、回しましょう！

あなたがきっと動かすきっかけを創る人ですよ！

愛の循環ができている家庭の食卓は、
会話が多く、明るくてにぎやか。
愛の循環ができていない家庭の食卓は、
会話が少なく、暗くて静か。

男女のやさしい愛から平和が生まれる

与える愛は精神的なものだけではありません。男女のラブラブも、「与える愛」が、お互いにしっかりあると、最高のすてきな盛り上がりになっていきます。

もし、男性側から、「与える愛」ではなく、「奪う愛」で始まると、前戯がおざなりになって、十分に潤わなくて、緊張したまま、いきなりの合体になってしまい、恐怖に包まれて、とても痛い思いをしてしまいます。

それでは女性の心も体も傷ついてしまうのです。男性にも単に征服感のみが、さびしく残ります。とても上等な男性とはいえません。

女性のほうも、ただ演技だけでオットセイのように鳴いても、盛り上がらないで、「どこにいくの?」というしらけたムードになってしまいます。

「早く終わってよ！」という女性の本音のエネルギーが、どうしても隠せない波動として、場のエネルギーを下げるからでしょう。

せっかく大変な確率で出会った二人が意気投合して、エネルギーの交流としてこれでもかと密着するのですから、らせん状に美しくからんで宇宙に飛びたいですね。

それには、「与える愛」の表現をたっぷり使ってみましょう。

スキンシップによる愛の表現が、大切になってきます。

子どものころにどんなスキンシップをしてきたかが、大人になってての愛のタッチに影響するのです。

乱暴にされると、人にさわられるのが、苦手になります。やさしくされると、人にさわられるのが大好きになります。

やさしいスキンシップで育った男性にタッチされて、子ども時代の心の傷まで癒された女性も多いのです。ラブラブのときの、やさしいタッチは、それだけで素晴らしい癒しになるのです。父親に暴力を振るわれた女性は、まったくの男性恐怖になるか、やさしい男性のやさしいタッチで癒されるかのどちらかだと思います。

スキンシップだけでなく、愛の言葉かけも大切です。特にラブラブのときには、耳元でささやくので、直接、相手の潜在意識に、言葉が入っていきます。

お互いに完全無防備な状態ですから、本当にやさしい愛があふれる言葉だと、心から、魂まで癒されていきます。

それが、恐れや不安を与える言葉だと、無防備になっているので、つい潜在意識に入れてしまって、いつまでも影響を与えます。

できれば、エネルギー的には直接影響があるので、相手を選んでラブラブしたほうがいいと思います。

特に女性の場合は、エネルギーを受け取る姿勢になっているので、てきめんに響いてきます。

お互いのやさしい愛の言葉かけで、気持ちが和らいで、うっとりしたあとに、やさしい手のタッチでいたわるような、心地よい刺激を加えられると、女性の身体は、つぼみが開くように、ゆっくりと花開いていきます。

男性のほうも、女性のしなやかな潤った花弁にふわっと包まれて、とろけるような快感を味わうことができるのです。

そして、二人で宇宙に飛んでいきます。

与える愛が、やがて、自分にも至福の喜びを与えてくれます。

二人が出会う確率も、日本では一億分の一ですが、精子が無事授精できるのも一億分の一の確率です。

考えてみると、素晴らしい確率を乗り越えて出会った二人に、これまた、大変な数のライバルを乗り越えてタッチした精子が、卵子に大きな変化をもたらします。さらに、三八億年の生命の進化を、三八週間で歴史的にたどってから、立派な胎児になっていきます。これも奇跡です。

奇跡的なイベントが続いて、愛の結晶としての子どもが誕生するのです。

なんて美しい流れなのでしょう。

そこにも、生命誕生という「愛の循環」が感じられます。

愛のエネルギーの特徴を見ると、それは男性エネルギーと女性エネルギーの特徴に分けられると思います。

東洋医学では、肉体の男女に関係なく、右半身が男性エネルギーです。

男性エネルギーは、変化、革新、勇気、行動などのエネルギーです。その面から愛をとらえると、とても力強い愛を感じます。

そして、左半身が女性エネルギーです。

女性エネルギーは、育成、維持、調和、感性などのエネルギーです。やはり、ここから愛をとらえると、とてもやさしい、やわらかい愛を感じます。

それぞれに循環していると、うまくそのエネルギーが流れていますが、認めないで、否定すると、エネルギーが止まって流れなくなります。

どちらのタイプのエネルギーが滞っているかが、身体の状態でわかるから不思議です。男性エネルギーを否定していると、右半身が縮こまっていて、冷たく感じます。汗が出ないこともあります。

ある男性が本業の仕事になかなか手がつかなくて悩んでいました。身体の状態も右半身だけ冷たくて汗をかかないので不思議に思っていました。

香りのベルガモットを使って、ハンドヒーリングとヴォイスヒーリングをしたら、彼の過去生のイメージが出てきました。日本でお坊さんのとき、若いのに即身仏になって、阿鼻叫喚《あびきょうかん》の思いで亡くなっていました。「悟りたい病」と名づけてもいいかもしれません。それで、エネルギー的に右半身がミイラ化していたのです。

その時代の自分のエネルギーが光の本体に帰ったら、その晩はぐっすりと眠れて、翌朝、右半身があたたかく、汗もかいていて、とても喜ばれました。

彼の男性エネルギーが復活して、流れ出したのです。自分の中の男性エネルギーを認めると、流れ出すしくみになっています。

逆に、左側の女性エネルギーも、認めてあげると流れ出します。

いまの時代は、やっと女性性が認められて、長い抑圧の時代から解放されて、女性も自分のやりたいことができるようになりました。

それは、決して女性が男性化していくことではなく、女性エネルギーを伸びやかに表現して、男性も女性も感性豊かな文化を維持して、育む、平和な時代を創っていくことだと思います。戦う男性原理をなだめて、やさしいことが本当の男性としての男らしさだと認めてあげることで、穏やかになってくると思うのです。

女性は、妻や主婦や母の役をしながら、与え続ける愛を実践しています。それは決して華やかではありませんが、その「与え続ける愛」のおかげで、いままでの人類の歴史が持続してきました。その答えが、「愛の星・地球の平和が実現」の形で成就してくると信じています。

男女ともに相手を認め合って、やさしくラブラブすれば、個人も人類も、愛の循環が起きて、すてきな流れを受け取れると思います。

与える愛で、やさしい平和を、男女の間に、家庭に、世界全体に築いていきましょう!

自分の女性エネルギーを認めると、
やさしさあふれる
平和な世界をつくることができる。

第5章

もっと大きな愛に満たされて生きる

その土地のエネルギーに共鳴する旅をする

旅をすることは、その土地の愛のエネルギーに包まれて、癒され、刺激を受けて、楽しい、うれしい、自己変容が起きやすくなります。

私達が、いつの時代も旅をしたがるのは、自分探しの旅だけでなく、その土地の持つ、いろんなエネルギーを感じて、目覚めようとしているのかもしれません。

私がイタリアを旅行したときのことです。

きっと、過去生を思い出す旅だったと思います。二回目のアッシジで、びっくりするほどの至福の愛に満たされました。

アッシジは、イタリアの守護神になった聖フランチェスコの生まれ育った美しい町です。青空にやわらかいピンクとベージュの大理石が共鳴して、さらに愛のエネルギーが高まるような、すがすがしくて感性豊かな土地です。また、ゆっくりと訪れたくなりました。

以前、両親と一般のツアーに入って、ざっとイタリア全体を回ったことがありますが、そのときはスペシャルコースが用意されていました。

なんと、その名もフランチェスカさんという女性のガイドさんの紹介で、普段のツアーでは行けない、フランチェスコの礼拝堂がある大聖堂に行くことができたのです。

サンタ・マリア・アンジェリ教会といって、とてもすがすがしく、愛に満ちあふれた、最高の場所です。フランチェスコが毎日祈っていたという、かわいい礼拝堂に入ると、自然に涙があふれてきて、椅子に座って祈ってみました。

すると、しばらくの間、時空を超え、昔のアッシジがイメージとして浮かんできたのです。「生きていてよかった」としみじみ思えるほどの至福感に到達しました。

きっと、過去生で昔はアッシジにいたのでは、と思うほど、深い感動と、そのときの引き出しが開いたような、衝撃を感じたのです。

聖フランチェスコは、イエス様の愛の教えや喜びを感じて、鳥や狼や花とも話をしていたそうです。私も鳥や木と話をするので、彼の生き方に共感しました。思い出すような、大きく揺さぶられる体験でした。

聖フランチェスコは、イエス様自身が生きていらしたときの、自然な愛の教えを実践していたと伝えられていますが、それを体感できるような場所でした。

懐かしく感じる礼拝堂の壁の石を、やさしくタッチしながら、礼拝堂のまわりをゆっくり歩きました。

時間の制限がなければ、何日もそこで過ごしたいほどの郷愁に包まれました。それでいて十分にとても幸せで、ローマやその他の地を訪ねなくても、もうそのまま日本に帰っていいほど満ち足りてしまいました。

そこを出る途中、聖フランチェスコ像の籠に白鳩が入っていて、動いたのでびっくりしました！　ディズニーランドならわかるけれど……目の錯覚？　それは、なんと生きた白鳩だったのです。

向かい側にもう一羽の白鳩がいて、これにもびっくりでした。

聖フランチェスコは裕福な商人の息子だったのに、戦争から息も絶えだえの病身で戻ってから、奇跡的に命を取りとめて、人が変わったようにキリストの啓示を受け、崩れた小さな礼拝堂を修理して、貧しい人々が憩う場所にしたのでした。

今回、その礼拝堂にタッチできた喜びは大きくて、天にも昇りたい気分でした。うれしくて、うれしくて、ただうれしくて、それを表現したくて、その大聖堂を出てから、ヴォイスヒーリングができる場所を探しました。

おあつらえ向きに、ほどよい空間がありました。そこで全員が集まるまで、輪になって、愛と感謝を込めて、みんなでヴォイスヒーリングをしました。

ヴォイスヒーリングを学んだヒーリングスクールやセミナーの卒業生三〇人との旅でしたから、みんなでヴォイスヒーリングができる喜びがありました。

私達の歌声が大理石の壁に反響して、美しい響きにうっとり。

大聖堂の入り口にいる係のお兄さんが歩み寄ってきたので、てっきり「静かに」と制止されるかと思ったら、逆に、「天使の歌声だ。ブラボー！」といってもらってびっくり。

そして、聖フランチェスコのような茶色の修道服をきた青年がドアに入ってきました。またドアが開いて、杖をついた老師がずっと聞き入ってくださったのもうれしかったです。ヴォイスヒーリングは、ほかの国の人々にも伝わるのですね。

あとで、大司教さんだったとわかって、さらにうれしいびっくりでした。

イタリアから戻って、古い映画「ブラザー・サンシスタームーン」を三回も見ました。映画の中で、フランチェスコのしみいるような言葉が、ハートのご馳走のように吸収されました。

「ただハッピーになりたいのです。空を飛ぶヒバリのように、喜びを歌いたいのです。イエス様は、貧しかった、使徒達も。私もそうでありたいのです。何も所有せず、ただひたすら生きている喜びを味わいたいのです」

と、とても情熱的で、シンプルで、わかりやすく心に響いてきます。

大病して戦争から帰ってきて、回復後に、小鳥に誘われて屋根を歩き、鳥のように羽ばたく仕草をするところは、自分と重なって、気持ちがよくわかりました。

病気は気づきのチャンスです。

彼は、大病によって人格が変わり、シンプルな生きる喜びに目覚めたのでした。

彼の純粋さと気高い貧しさに、豪華絢爛な衣装を着けたバチカンの法王も、思わず恥ずかしくなって、彼の足にキスをして、ひざまずいたのでした。

修道女のキアラさんとの尊敬し合ったすてきな関係にも、ほっとなごむものを感じました。

愛は、すべてをつなぎます。

不思議な接着剤のようです。それも、愛があふれる瞬間にくっつくのです。

愛はすべてをつなぐ
不思議な接着剤。

すべての出会いには役割と意味がある

次は、同じくイタリアへの旅をしたとき、二〇〇〇年前に火山が爆発したポンペイの遺跡でのことです。

大理石のカウンターが残っているポンペイの酒場で、二人の人が、自分たちがそこでビールを飲んで、好きな女性の話をしていたら、同じ女性を愛していたことがわかりました。二〇〇〇年前には、すでにビールやピザもありました。

もう二〇〇〇年前の話ですが、旅をしていると自己変容がしやすいのです。思い出したついでに、その女性に愛の告白をしたのです。

二〇〇〇年後に愛の告白？　でもそれは、すてきな展開になりました。

三人とも今回の人生は女性ですが、二人の女性が一人の女性に愛の告白をすることになり、告白された女性はこの上なく幸せな思いをしました。「こんなにもてて幸せです！」とうれしそう。

愛の告白は、どんな時代になってもＯＫです。

自分の気持ちを表現することは、とても大切です。それによって、自分の自己表現が活性化して、のどのエネルギーセンターが開いてきます。

きれいなブルーの光があふれ出るのです。もちろん、愛の告白ですから、ハートから愛の淡いピンク色の光もあふれ出ます。それを受けた相手も愛に包まれて、幸せな瞬間を味わいます。

あなたは、いままでに何回、愛の告白をしましたか？　何度もしているうちに、とても表現が上手になってきます。愛の告白のコースは、人生のしくみの中で、誰もが必ず選ぶ大切な項目です。地球大学の必須科目かもしれません。

今回の人生は、特に、男性、女性の差別がなくなってきていますので、女性からの告白はＯＫです。むしろ、二月一四日のバレンタインデーのように、女性からの愛の告白を奨励しています。すてきな聞かれた時代になりましたね。

生まれ変わりの中で、恋愛をしたり、結婚をしたり、同じソウルメイトが、男女は入れ替わりながら、何度も繰り返し、演じあっています。

まるで、人生は舞台のように、静かに、でも力強く、そして、美しく。

時には相思相愛で、時には片思いで、そして、愛のない結婚もたくさん体験してきました。

いまの時代は愛のある結婚が増えてきて、その分、愛がなくなると離婚するという愛のあるなしで結婚が終わることも増えてきています。愛について、私達がより敏感にしっかり考え、感じる時代を迎えたのだと思います。

つい最近まで、結婚は家庭を作り、子孫を残すという意味が大きかったのですが、ともに人生を歩むパートナーとしての役割が大切にされています。

それだけに、女性としての、また男性としての役割が個別化しています。それぞれの個性に合わせて、やりたいようにやってみる試みが増えたということでしょう。

器としての女性、男性にとらわれず、魂の、その人の持つエネルギーに合わせて選択できるという意味まで問われているのです。

男性が家事を楽しんでもいいのです。前の人生で主婦だったりすると、男性に生まれ変わっても、前の習慣や技能が残っていて、食事を作っても上手だったり、お掃除も上手だったりして、また、それが楽しくて、やっても苦にならなければ、今回の人生の器が男性でも、しっかり家事を手伝ったり、あるいは役割を入れ替えて、主夫になってもOKなのです。わくが取れて、わくわくの時代がきました。これは、本当に意味のある楽しいギャグです。

男性、女性という器にこだわらずに、いま、自分がやりたいことをやってみましょう！

第1章で、地球は愛を学ぶ星だとお話ししましたが、私達はみんな、地球に来る前は、それぞれ、違う星で何かを学び、表現して、それから愛の星・地球に来て、しばらくの間、生まれ変わりを続けて、様々な愛の表現を学び、実践してきたようです。

今回の人生を終えたら、ほかの星に行く魂も多いと聞いています。

そのために、あらゆる人生のおさらいをまとめてやってから……と総集編のように盛りだくさんな波瀾万丈の人生を選んできているのです。

波瀾万丈の方、納得でしょう？　腹をすえて、いい意味で開き直って、やってしまいましょう！

生まれ変わりながら、どのように愛を学んできたかを振り返ってみましょう！

一度では足りなくて、何度も生まれ変わる必要があって「生まれ変わり」のシステムができたのかもしれないのです。そう思うと、「愛」の視点からも、生まれ変わることが必然だと納得できます。

男性、女性という器や枠《わく》を取って、
いま、自分がわくわくすること、
やりたいことをやる。

家族、恋愛、職場関係…の困りごとは「愛のレッスン」

地球人は特に、**地球自体が愛あふれる星なので、選択している人生の課題も愛に関する体験、レッスンが多いのです。**

特に、複雑な人間関係や病気を介しての愛の交流は必ず自分の人生のシナリオに入れています。

愛にもいくつかのパターンがあります。だからこそ面白いのですが、恋愛をとってみても、失恋もあれば、相思相愛、片思い、三角関係、四角関係、親子の愛でも、断絶、片思い、マイナスの共生関係、とても順調といろいろあります。

親子の愛、兄弟の愛、師弟の愛、恋愛、夫婦の愛、職場での愛、いろんな愛がレッスンとしてあります。最初は苦しくても、こなしてくると、だんだん楽しくなってきます。

みなさんは、どの愛のレッスン中ですか？　どれもそれなりにチャレンジですが、親子の愛と夫婦の愛は、手ごたえがあります。

この二つの愛は、必ず私達がたくさんの人生の中でいろいろ体験しながら、愛を深めるのには、なくてはならない課題に含まれています。

私も、今回の人生は地球でラストなのか、とても盛りだくさんです。親子の愛も夫婦の愛も、しっかりレッスンをしています。いまだに進行形です。

親子の愛も、子どものころは私自身の病気を介して、母や父と葛藤がありました。弟達とは全く問題がなく、とてもスムーズです。彼らのお嫁さん達とも仲良しで、葛藤がありません。

自分の病気を克服してからは、両親の病気を通じて愛の交流があります。やはり、病気は気づきのチャンスだとしみじみ感じています。

みなさんも、いまチェックしてみてください。親子、兄弟姉妹、夫婦、嫁姑の間に、愛のレッスンがありますか？

親子の愛のレッスンがある場合は、不登校や引きこもりによる子どもの自己主張によって、親の愛の度数が磨かれて、かなり鍛えられます。

愛の表現力の見直しや、コミュニケーションの取り方の練習をさせられます。

それもまた、愛のレッスンとして大切なチャンスです。ちょっと引いてみると、自分の置かれた状況が見えてきて、不必要な緊張や不安がなくなってきます。

愛のレッスンには、やはり人間関係からの学びが一番です。

いまは親子でも、過去生で恋人だったり、夫婦だったりすると、片方の親が焼きもちや疎外感を覚えて、不思議な感覚にびっくりすることもあります。

姉妹でも、もと恋人同士で、いまも仲良し、自然にお互い恋人ができなくて、結婚適齢期を過ぎて、どうしよう？　というケースもあります。相談に来た方の両親が過去生でもやはり両親で、でも男女が入れ替わっていて、そのヒントに思い当たるのか、受けて大笑いになることも少なくありません。

そのヒントだけで大笑いしたあと、ずっと親のことを責めてきたのに、「まあ、いいか」と思えて、あっという間に許せるようになってしまったこともあります。

よく知っている家族の縁の不思議を知ると、みんなで人生劇場を演じている感じがよくわかってきて、ほどよく力が抜けて、リラックスしてきます。

まわりにいる人との縁をしみじみと、ありがたく思えるようになるのです。

みなさんも、伴侶やお子さん、ご両親や兄弟姉妹、祖父母、友人達の顔を、もう一度、しみじみと、ながめて味わってください。

ハートから、愛があふれて、感謝の気持ちになってきます。

「今回の人生で逢えてよかった！　ありがとう！」

を心から言いたくなってきます。

直接いうのが照れくさい人は、どうぞ、寝込みをねらって、相手の耳元でささやいてあげてください。必ず、相手の心、潜在意識にしみ込んで、とても幸せな気持ちになりますよ。

物理的に離れていて、それもできないときには、祈る、念ずるという便利な方法があります。

祈りが本当にエネルギー的に効果があることは、医学や科学の実験で証明されています。安心して祈ってください。

あなたの祈りは必ず愛のエネルギーとして、相手に届きます。

そして、相手が本来の自分の光を出せるようにお手伝いをします。しっかり、応援になるのです。

まさに「祈りが通じる」です。

祈りによる素晴らしい癒しをされている、大好きな大先輩、シスターの鈴木秀子先生に、沖縄でお会いすることがありました。

クリニックに来ていただいて、こんなふうにセッションをしていますと、実際のやり方をショートコースで体験していただきました。ヴォイスヒーリングを気に入ってくださり、天使の歌声といわれて幸せでした。

今度は先生から祈りの癒しを受けました。愛にあふれる言霊が、やさしく両手を頭に載せてくださっている頭上から、光のシャワーのように降りそそいで、とろけるような気持ちのよさでした。忙しく活動している毎日ですから、それは天からのプレゼントでした。マリア様のエネルギーを感じました。

きっと昔、ヨーロッパで一緒に修道女をやっていたかもしれない、と懐かしさで胸が熱くなりました。あっという間に打ちとけるとき、初めてではない、不思議な魂の再会を感じます。

それを感じると、一気に時空を超えて親しくなって、愛が循環して、お互いが元気になります。

みなさんにも、そんなすてきな現象が起きていませんか？

どんどん、愛を循環して、愛のレッスンをこなしましょう！　地球学校で愛の達人になれるかもしれません。

愛のレッスンには、
人間関係からの学びが一番。
今回の人生で逢えたことに
「ありがとう！」。

人生は思いどおりに切り替えられる

「ああ、幸せ～」と思うと、ますますその状態が続いて、しっかり創造できていきます。

毎日が創造、クリエイション！　思いの実験の繰り返しです。

私も、おかげさまで、思いの実験が楽しくなってきています。

思いがけないことも続々と起きています。毎日がイベント状態。

そういえば、日本語の「思い」の入った言葉使いを上げるといろいろあって、納得です。

例えば、思いのほか、思い出す、思い出、片思い、両思い、思い量る、思い立ったら吉日、思いがけない、思いどおり、思い出し笑い、思いやり、思い込み、思い入れ、思いがこもる、思いが伝わる、思いを遂げる、思うのは勝手、思い違い、思いつく、思い過ごし、思い詰める、思いきって、思い当たる、思い思い、など、パッと思っただけでも二四個出てきました。

書き出してみて、わかったことは、「思い」を出したり、入れたり、どこに？と思うときに、それが潜在意識だとわかってくると、心の構造、しくみが見えてきて、思いのしくみがはっきりしてきます。

この「思い」に愛を載せることで、さらに、「思い」はパワーアップして、広く、遠く深く伝わっていくのです。

動詞としての「思う」は、心が引かれ、そちらに働く、心に浮かべることを意味しますが、**思いのエネルギーをある方向に集中させることで、思いが強いほど、思いを向けたところに、どっとエネルギーが注がれることになります。**

思いのエネルギーは宇宙エネルギーですから、それは、私達が地上に生きている間、ずっと可能なエネルギーの仕事になるのです。

よく、「あの人は、思ったらそのとおりに必ず実現するのよ。念が強いから……」という表現をしますが、その「念」とは、まさに「今」の「心」と書いて、「いま発している心のエネルギー」を意味します。

「念波」という横に伝わる波のことを自著『人生の癒し』に書きましたが、ユニークな科学者・関英男先生が提唱した、光よりも速い波動で人から発する思いの横に伝わる波動だと説明されています。光よりも速い波動があることを知るだけでも、うれしくなります。

いままで私達は、学校の理科の授業で、星から来る光が何万光年も遠くから、大昔に発したものだと教えられてきましたが、実は、いま、この瞬間に発せられた念波が届いて、大気圏に反応して輝いていると考えると、とてもロマンティックです。私はこの説を信じることにしました。

光よりも速い、思いの波動・念波があるとすれば、宇宙エネルギーが神様のように、私達を見守っていて、寝る前のお願いごとや祈りをちゃんと聞いてくれて、それに応えてくれると思うと、心から安心できます。

私達は古代からずっと「星に願いを」かけてきました。それが何万光年もあとでないと届かないなんて、そんな鈍感な宇宙のしくみはありえません。

いままで習った歴史も、強いものの、偏った解釈のメモであって、真実でないことがだんだんわかってきましたが、科学の中の天文学も怪しくなっています。科学も思い込みの宗教と変わらないのではないでしょうか。

思い違いをしていたら、躊躇せずに、すぐに新しい考え方、情報に切り替えていきましょう。

どんな世界に生きるかは、自分で日々選択していますので、毎日、様々な情報が入ってきて、そのつど、自分の世界観を少しずつ変えているのです。

私も、今回の人生は、精神科医を仕事に選んで、しかも普通の医師ではなく、ちょっとユニークな治療を選んで、ホリスティックな道を選んできたために、薬の処方だけでなく、もっと人生の問題に意識を向けることができました。

あなたの「思い」を向けたところに
エネルギーが注がれ、
そのとおりの現実がつくられる。

「愛してほしい」ではなく「愛されている」状態を創造する

「人生のしくみ」がわかってくると、自然に人々は寛容になって、許すことが以前よりも簡単にできるようになるから不思議です。

許す愛は、愛の中でも一番難しいレッスンだとされていますが、愛の度数を上げる努力だけでなく、「物事のとらえ方」「思いの使い方」「人生のしくみ」や「宇宙のしくみ」を学ぶことによって、かなり早く許すことができる場合があるのです。

例えば、クリニックで、人間関係の葛藤で悩む方が、その関係が過去生で逆転した立場だったと知るだけで、大きく納得できて、それまでどうしても許せなかった相手を許せるようになることが多いのです。

表面意識が学習して、勉強しただけの意味が必ずあるのです。その分、自分の光の部分が宇宙と直結してきて、そこから、たくさんの情報をくみ出すことができるようになります。これを体験すると、その喜びにうれしくなり、どんどん「自分の中の宇宙」にはまっていきます。

かつて、仏陀《ぶつだ》が、禅定《ぜんじょう》＝瞑想していて、自分の中へ限りなく入っていったら、奥のまた奥には、広大な宇宙が広がっていて、そこにすべての存在が感じられ、至福の感涙に震えたそうです。彼だけでなく、私達も同じ原理で、いよいよ自分の中の宇宙につながりだしたのです。

もちろん、私達も瞑想で追体験できます。しばらく**瞑想の練習をして、意識を自分の奥深くに向かうと決めると、本当に「内なる宇宙」「自分の中の宇宙」に入っていきます。**

それは、聖なる時間、異次元への領域に入り、さらに宇宙の果てまで行くと、なんと、自分の体に戻ってくるという、メビウスの輪のような、面白いしくみになっています。

それこそ、「宇宙のしくみ」といってもいいかもしれません。

その宇宙につながれば、愛も深まり、創造性もあふれ出てくるのです。

「思い」が潜在意識にしみ込んで、人生を創造しているのですから、その「宇宙のしくみ」を使って、毎日の生活にどんどん取り入れて生かしていきましょう！

「愛してほしい」のではなく「愛されている」、あるいは、「愛している」「愛があふれている」、さらに「愛が爆発している！」状態を創造していくのです。しかも、「いまの状態で、いつも宇宙に愛されている」とウルトラ明るい思い込みを創造すると、そのとおりになります。

発想が違うと、人生が、毎日の生活の状態が、即大きく変わってしまいます。

もし、地球上のみんなが、自分の人生を自分の思いで創造していることに気づいたら、大きな意識変革の波ができて、平和な世界がすぐに創造できるでしょうね。

愛は地球を平和にする！

みなさんの奥に広がる宇宙は、どんな宇宙ですか？

「ゆるす愛」は愛の中でも
一番難しいレッスン。
「人生のしくみ」を知れば、
ゆるせるようになる。

愛のパワーがあなたに奇跡を起こす

「自分の中の宇宙」は、「愛と創造性の特質」を持っています。「愛と創造性」が今回の人生の大きなテーマになっている人が多いと思います。

総集編の時代に合わせて、いままでのいろいろな時代のやり残しをしっかり終えると、次は、いよいよ「愛と創造性のテーマ」に取り組みます。

それは、様々な角度から始まって、波に乗るととても楽しくてやめられなくなります。なかにはピンとこない出会いや利用しようとする人々に翻弄《ほんろう》されそうになることも出てきますが、直感に従っていれば、それにもすぐ気づいて、淘汰《とうた》され、さらりとかわすことができます。いい仲間との出会いや、わくわくするお祭りのようなイベントを創造して、さらに人生の幸せ度アップが進んでいきます。

愛と創造性はそれぞれに連携していて、愛の度数が上がると、創造性も高まり、逆もあるようです。

愛する人がいて、その喜びで創造性が開くのではないでしょうか？

そばにいるだけで、うれしくなる、喜びがあふれてくる人がいれば、どんなにスランプになっても、どんなにつらいことがあっても、乗り越えていけるからです。

私も、沖縄に移ってから、大きな恐怖を解放して、潜在意識のふたが開いて、奥から創造力があふれてきました。さらに、そばにいるだけでうれしくなる人と出会って、ますます創造力が増してきたのです。

あなたにも創造力を盛り上げてくれる人が、そばにいますか？

あるいは、潜在意識のふたになっているものを取るために必要なプロセスの最中でしょうか？

そのプロセスのあとに、きっと喜びの瞬間が待っています。そして、愛する人との再会も。それも、あなたの創造力の条件に入っているかもしれません。

だからこそ、あらゆる芸術は、愛のエピソードがついています。そう、もれなく、です。

その最愛なる人がいれば、創造力は無限のようにあふれ出てくるのです。

例えば、ゴッホには弟のテオが、ゴーギャンには夕ヒチの少女達が、モーツァルトには奥さんが、エジソンにも最愛なる奥さんが支えていました。

ショパンも恋愛体験が、名曲を生む刺激となりました。

日本でも、芸術を爆発させた岡本太郎には、養女になった岡本敏子さんがいました。空海さんには厳子さんがいました。

細かくいうと、その作品に応じて、愛を注ぐ人が異なるときもあります。

例えば、ピカソもいろんな作品の時代がありましたが、それぞれに、そばにいる愛する人が違います。

宇野千代さんも、ダイナミックに次々と恋愛をして、その都度、創造性が変化して、マルチプルに活躍しました。自然に自分らしく生きたら、そうなったのです。

愛を注いでくれる人がそばにいるだけで、愛の循環があるからでしょう。創造性があふれ出て止まりません。それは、あらゆる芸術に当てはまるのではないでしょうか？

岡本太郎さんの長年の秘書、養女になった岡本敏子さんが亡くなられたあと、彼女の書いた小説『奇跡』（集英社）を読んでびっくりしました。帯の解説は、ずばり、「岡本太郎に捧げる究極の愛の物語」です。

岡本太郎さんとの愛の物語を赤裸々に詳しく描いているのです。

自分がまるで透明人間になったかのように、二人の恋愛をそばで見ているような錯覚に陥りました。画家ではなく、建築家としてのシチュエーションに変えていますが、だからこそ真実がくっきりと映し出されてきます。

岡本太郎さんは芸術を爆発させていましたが、最愛なる敏子さんとの愛も爆発させていたのです。ブラボーです。そのお二人に、小説を読むことで触れることができて幸せです。

まさに、**「創造の爆発の陰に、愛の爆発あり」**と言えるでしょう。

講演会で母の手作りの「太陽の塔」の着ぐるみを笑い療法として変身して思いっきり笑ってもらっています。パッチ・アダムス先生に出会って、母にピエロの衣装を創ってもらったのがきっかけで、母の創造性も開きました。母の愛が創造の形に変換されたのです。

手作りのものは、何でも愛があふれています。

そしてその愛は、人から人へ伝わっていくのです。見えないけれど、確実に広がっていきます。一人ひとりの心に愛があふれ、循環するとき、あるいは、愛が爆発して、創造性も爆発するときに、平和な世界が創られて、世界が愛で満ちあふれ、本当の平和がやって来るのだと思います。

私達は、仕事を通して、子育てを通して、社会に貢献しています。愛と創造のエネルギーを放出しているのです。

今回は、医師になるために、子どもを産めない病気を人生プログラムに書き込みましたが、その代わりに、こうやって、本を書くという創造によって、子どもの代わりに産み出しています。

それぞれが、できるだけのことをすればいいのです。

愛と創造をちょっと意識して、自己表現をしっかりやってみましょう。思い立ったら、その日がスタートです。自分がやりたい自己表現をしている先輩をまず研究してみて、まねからスタートしてみましょう。

そして、表現方法を会得《えとく》したら、わくわくする自己表現を自分なりにやってみましょう。宇宙に広がる愛を感じながら、自分の中の宇宙にも愛を循環させてみてください。

愛はどこにでも存在していて、愛によって、万物がいきいきと輝いていることに、はっきりと気づいて、胸が熱くなってきます。

愛は、身近なところにもあふれていて、それに気づくと、自分まで愛があふれるということが自然にわかってきました。

すてきなことですね。

すてきな時代になりましたね。

一人ひとりが愛に目覚めるとき、本当の平和がこの愛の星・地球にやってきます。

それを、実感できる時代にこの本が世に出て幸せです。

みなさんに愛を贈ります。

その愛が循環して、世界に宇宙に広がりますように！

生まれてきてくれて、本当にありがとう！

愛を配ってくれて、ありがとう！

愛しています。いまのあなたを。いま、地上にいてくれて、ありがとう！

私たちの愛の循環が、この美しい星・地球をやさしく包んでさらに輝く星になりますように！

みなさんの人生も、あたたかい愛に満たされて輝きますように！

今回の人生のテーマ
「愛と創造性」に取り組んで
さらに人生の幸せ度アップ！

おわりに

この本を読んでくださって、本当にありがとうございました。

心がほんのり、あたたかくなったでしょうか？

愛についての、いろんなヒントが得られたでしょうか？

愛と笑いの過去生療法をずっと続けてきて、本当によかったとしみじみ思えるこの頃です。

朱色の『あたたかい愛に満たされて生きる本』がさわやかな春色になって、新しくリセットされ、また世に出ることになりました。

本当に、思いがけない編集者の野島純子さんからの提案に、私自身があたたかい愛に満たされました。

かつて書いた本がまた装いも新たに世に出るのは、自分の子供が認められてまた世の中に出て行くような嬉しさです。本当にありがとうございます。

そして、新しいあとがきに、せっかくですから、少し最近の感動したケースをシェアしましょう！

最近クリニックにいらした、小学校低学年の多動の子供たちに悩んでいる母親のケースを少し紹介したいと思います。

お二人の多動の子供たちも一緒に診療室に入ってきて、本当によく動き回って、母親の大変さがわかるほどでした。

質問攻めと動き攻めにもめげずに、質問に丁寧に答えて、階段を登ること以外はすべてひたすら受け入れ続けました。

音叉《おんさ》を鳴らしたり、チベタンベルを鳴らしたり、音入りもあって、めまぐるしかったのですが、愛を持って観察しながら、すべてに対応しました。まるで、愛の試験を受けているかのような状態でした。

こちらの受け入れる愛に安心して、だんだん落ち着いてきて、母親の過去生療法で使うアロマやクリスタルにも興味を持ってきて、ゆっくりとソファにも座れるようになりました。

子供たちも過去生に登場してきたことを話してみたら、とても納得して、自分も受けてみたいと目がキラキラ輝いてきました。

怒りを爆発させる息子さんから過去生療法を始めたら、次々といろんな時代が出てきて、すべて本人も納得できる内容でした。

娘さんも、大好きなイルカのぬいぐるみを抱っこして、「あなたも昔イルカだったのよ〜♡自由にジャンプして泳いでいたわ〜」と話しかけると、嬉しそうにぴょんぴょんしていました。

四か月後に、母親の再診で、子供たちが見違えるように落ち着いて、娘は手がかからなくなり、息子は授業参観で落ち着いていたので、びっくりしていました。

大きな愛で包みこむと、どんな多動な子供たちも落ち着いてきます。

自分は受け入れてもらっているという安心感で、共通の時空にいられるようになるのです。こちらにも関心を持ってきて、関係が持てるようになります。

小さな子供でも、過去生療法が効果的であることを実感できました。

次のケースは、面白い思いがけない過去生のエピソードです。

いつもフランス人形のように、素敵におしゃれしてくる女性が、あるとき髪型を大きく変えて、刈り上げて短髪で来られました。原因不明の頭頂部の痛みが症状だったのですが、何と過去生のイメージが河童（カッパ）で、いたずら過ぎて、お皿を割ってしまったという謎解きでした。

河童の過去生は、初めてだったので、あまりにもびっくりして、躊躇していたのですが、おそるおそる伝えると、付き添いで来ていらしたご主人がやっぱりと大うけでした。

「最近、やけに髪の毛を刈り上げて、短くするなぁ〜と思っていたのです。しかも、家内は、異常にきゅうりが大好きで、味噌をつけてボリボリ何本も食べてしまうのです。やっぱり河童でしたか〜」

と、大爆笑になり、大いに納得してくれたので、本当にびっくりしました。

頭のお皿も修復されて、頭痛も取れました。

さらに、彼女は、ユニコーンの時代のイメージも出てきました。

一角獣の真っ白いユニコーンもやっていたのです。

新しい元号、令和になって、多次元的な世界に入りましたので、三次元にはいない存在の活躍が始まったのだと思います。

ユニコーンは、渦巻き状の角が頭にあって、それがクルクルと回ることで、その下にある小さな松ぼっくり状の松果体《しょうかたい》が活性化します。

ユニコーン時代を思い出すことで、さらに直観やインスピレーションが冴えてきて、ユートピア活動しやすくなります。

彼女は、とても喜んでいました。肉体の目の病気があって、だんだん見えなくなってきていたので、第三の目が活性化して、別の感覚が冴えてくることで、彼女の活躍の場が広がるからです。

令和になって、龍たちが応援したがって、やる気満々の状態です。

異次元の存在で、私たちには見えないけれど、天と私たちをつなぐ働きの、龍やユニコーンや天使たちが、私たちを応援しようと待ち構えています。

素敵で楽しい時代になってきました。

愛に満たされると、松果体（第三の目）も気持ちよくクルクルと回り始めます。

愛のエネルギーは、宇宙のすべてを動かしていて、あらゆるいのちを輝かせてくれるのです。

これから、地球は日本を中心に、平和へのプロセスが加速して、とても楽しい時代を迎えています。

愛の星・地球で、さらに大きな愛のうねりを感じながら、自分らしいユートピア活動をしていきましょう！

タイムリーに、この本が再び世に出ることができて、本当に嬉しいです。

編集担当の野島純子さん、編集長の山崎知紀さん、ありがとうございました。

令和元年五月吉日
愛と笑いの天使・越智啓子

著者紹介

越智啓子
精神科医。東京女子医科大学卒業。東京大学附属病院精神科で研修後、ロンドン大学附属モズレー病院に留学。帰国後、国立精神神経センター武蔵病院、東京都児童相談センターなどに勤務。1995年、東京で「啓子メンタルクリニック」を開業。99年沖縄へ移住。過去生療法、アロマセラピー、クリスタルヒーリング、ヴォイスヒーリングなどを取り入れた新しいカウンセリング治療を行う。現在、沖縄・恩納村にあるクリニックを併設した癒しと遊びと創造の広場「天の舞」「海の舞」を拠点に、クライアントの心（魂）の治療をしながら、全国各地で講演会やセミナーを開催し、人気を呼んでいる。主な著書に、『あなたの人生が突然輝きだす魂のしくみ』『あなたのまわりに奇跡を起こす言葉のチカラ』『時空を超える運命のしくみ』（以上、小社刊）のほか、『龍を味方にして生きる』（廣済堂出版）など多数ある。

啓子メンタルクリニック
http://www.keiko-mental-clinic.jp/

その愛《あい》を知《し》るためにあなたは生《う》まれてきました

2019年7月1日　第1刷

著　者　越《お》智《ち》啓《けい》子《こ》

発行者　小澤源太郎

責任編集　株式会社プライム涌光
電話　編集部　03(3203)2850

発行所　株式会社青春出版社
東京都新宿区若松町12番1号〒162-0056
振替番号　00190-7-98602
電話　営業部　03(3207)1916

印刷・大日本印刷　製本・ナショナル製本

万一、落丁、乱丁がありました節は、お取りかえします

ISBN978-4-413-11295-6 C0095